OTT 플랫폼 영화와
드라마로 읽는 글로벌 컬쳐

이정화_경북대학교 인문학술원 연구초빙교수

경북대학교에서 문학 박사 학위를 취득했으며 동국대학교에서 영화학 박사 학위 과정을 수료하였다. 경북대학교 인문학술원에서 연구초빙교수로 재직 중이다. 할리우드 영화 분석, 한국 영화와 문화 비평, 생태 관련 융복합 주제로 다수의 논문을 발표하였고 인문학의 저변을 확대하기 위한 한국문화예술위원회 주관 대중 강연과 교양 강의를 학부 강의를 통해 수행하고 있다. 한국영미어문학회 편집위원, 문학과 환경학회 대외협력이사, 신영어영문학회 재무이사로 학술 활동을 하고 있다.
주요 논문으로는 「오컬트 디스토피아에서 만나는 유토피아: *The Mummy*(미이라)와 <파묘>를 중심으로」, 「서스펜스 영화에 나타난 미장센: 박찬욱의 <헤어질 결심>과 히치콕의 영화 비교」, 「21세기 할리우드 SF 영화에 반영된 포스트휴머니즘과 포스트휴먼 관계의 확장」, 「*La La Land*(2016)의 해석을 통해 보는 감정 노동으로부터의 해방」 등이 있다.

경북대학교 인문교양총서 63

OTT 플랫폼 영화와 드라마로 읽는 글로벌 컬쳐

초판 1쇄 인쇄　2025년 11월 21일
초판 1쇄 발행　2025년 11월 28일

지은이　이정화
기 획　경북대학교 인문대학
펴낸이　이대현
편 집　이태곤 권분옥 임애정 강윤경
디자인　안혜진 최선주 김다윤
마케팅　박태훈

펴낸곳　도서출판 역락
출판등록　1999년 4월 19일 제303-2002-000014호
주소　서울시 서초구 동광로 46길 6-6 문창빌딩 2층(우06589)
전화　02-3409-2060
팩스　02-3409-2059
홈페이지　www.youkrackbooks.com
이메일　youkrack@hanmail.net

ISBN 979-11-7396-101-4 04300
978-89-5556-896-7 04080(세트)

*정가는 뒤표지에 있습니다.
*잘못된 책은 바꿔 드립니다.

이 책은 정부재정(지원)사업(국립대학육성사업)으로 한국연구재단의 지원을 받아 경북대학교 인문대학에서 제작되었습니다.

OTT 플랫폼 영화와 드라마로 읽는 글로벌 컬처

이정화 지음

경북대학교 인문교양총서

063

역락

머리말

2019년 학부생들을 대상으로 글쓰기 강의를 통해 학생들의 글쓰기를 교정해주면서 나는 글이란 마음을 움직이는 힘이고, 전혀 모르는 사람들에게 말을 거는 울림이라고 느꼈다. AI의 진화와 수많은 정보의 홍수가 주는 지식의 풍요로움은 때로는 우리의 마음을 더욱 공허하게 하고 지금이 아닌 다른 세계와 더욱 차별화된 새로운 지식을 갈구하게 한다. 인생이란 평생 동안 해결해야 하는 나만의 숙제를 하는 과정이기에 인생 공부는 끝없는 나와의 경쟁이기도 하다. 이러한 삶의 여정에서 영화가 주는 감동과 메시지는 시대적 변화에 따라 인생에 대한 색다른 해답을 주기도 한다. 영화관에서 보던 영화를 OTT 플랫폼을 통해 볼 수 있는 디지털 혁명은 영화관 너머의 세상 어디론가 우리를 이끈다. 나는 이러한 봇물처럼 스트리밍되는 OTT 영화와 드라마를 학생들이 어떻게 해석할지 궁금해졌다. 그래서 학생들이 영화와 드라마를 어떻게 바라보아야 할지 나만의 정돈된 개념적인 지도를 그려보고 싶어졌다. 이 책은 학부생들에게 영화와 드라마를 시대적 흐름에 맞게 해석하는 방법을 제공해주고자 하는 의도에서 집필되었다.

지금도 지속적으로 업데이트되는 OTT 영화와 드라마의 출현 속에서 나는 그리고 우리는 지식인이자 평생을 공부하는 인생 연구자로서 앞으로도 지속적으로 고민해야 할 것이다. 그러면서 우리는 독서를 통해 나를 찾고 삶의 답을 찾으면서 지속적으로 더 좋은 사회를 만들어 나가기 위해 고민해야 한다.

언제나 새로운 시대의 꿈이 피어나는 경북대에서

저자 드림

목차

제1장

저술 배경

본 저술의 취지는 OTT(Over-The-Top) 영화와 드라마에 대한 핵심적인 흐름과 동향을 개관 설명하여 OTT 플랫폼에서 재현되는 문화 콘텐츠의 특징과 세계관을 명료하게 소개하고자 함에 있다. "미디어는 메시지다"(The medium is the message)(McLuhan 11-14)라는 말처럼 최근의 OTT 미디어는 세계적인 문화 현상을 전달하는 핵심이 되고 있다. 셋톱 박스를 사용하지 않고도 인터넷 망을 통해서 영상 콘텐츠 감상이 가능한 온라인 VOD 서비스를 지칭하는 OTT는 글로벌 유통이 쉬우므로 전 세계인들은 OTT를 통해 정보를 공유하고 의사소통을 한다. 특히 영화나 드라마 미디어는 간접 경험의 세계를 통해 전 지구인들에게 글로벌 감성을 형성하게 만드는 효과적인 수단이다.

발전하는 통신 기술과 스마트 기기의 업그레이드를 통해 점점 더 편리해진 OTT 서비스의 이용 빈도가 높아지면서 언제든지 자신이 원하는 영화나 드라마를 관람할 수 있는 시대인 포스트 미디어 시대에서 시청자들은 물리적 공간의 한계에 구애받지 않고 스트리밍 서비스의 접속을 통한 '홈 미디어'를 통해 문화생활을 즐긴다. 극장의 스크린이나 텔레비전 대신에 모바일이나 컴퓨터로 영화나 드라마를 관람할 수 있는 편리한 접근성으로 인해 창의적인 콘텐츠의 중요성이 더욱 부각되고 있다. 대표적인 비디오 플랫폼인 유튜브의 경우 "인류 최초의 자유로운 텔레마틱 사회"(김성재 110)를 구현하는 수단이다. OTT 서비스의 확대로 이용자 숫자도 급증하면서 다양한 문화권과 국가의 시청자들이 OTT 채널을 구독하면서 문화 공유와 융합의 양상도 새롭게 출현 중이다. 주지하다시피 구글이나 페이스북 같은 경우에는 알고리즘을 통해 사용자들의 사용 기록이나 관심을 데이터화하여 그 다음에 사용자가 접속할 경우 그 사람에게 특화된 정보를 제공한다. 이것은 바로 알고리즘에 기반을 둔 세계인의 감성이 되었고 초국가적인 네트워킹의 필요성으로 이어졌다. 4차 산업 혁명의 발달과 LTE, 5G 등 이동통신 산업의 혁신과 더불어 가상현실 체험과 디지털 온라인 플랫폼까지 등장하면서 디지털화된 글로벌 인터페이스 문화는 새로운 혁명기를 맞이하고 있다.

이재학은 "콘텐츠 플랫폼은 콘텐츠 생산자와 소비자가 하나의 플랫폼 구조를 통해 연결되는 디지털 공간"(125)이라고 말한다. 뉴 미디어 시대에서 OTT 플랫폼을 통해 보다 폭 넓은 환경에서 문화 소비자들은 그들에게 주어진 다양한 선택권에서 원하는 프로그램을 자유로운 시간대에 선택하여 무한 반복으로 관람한다. 각자에게 최적화된 단말기를 통해 원하는 시간을 골라서 콘텐츠를 감상할 수 있어서 영화의 시간표나 TV 프로그램 일정표에 시간을 맞출 필요가 없다. 또한 몰아보기, 건너뛰어 보기, 빠른 배속으로 감상하기 방식들이 관람 방식으로 자리 잡으면서 시청자들의 시간 효율성이 극대화되었다. 이러한 다변화된 관람의 방식은 간편한 문화 향유를 가능하게 하였고 소비자들은 영화관에서 상영되는 영화처럼 긴 상영 시간이 필요하지 않은 유튜브나 웹드라마, 혹은 TV 드라마 1회 분의 시간 정도로도 충분한 콘텐츠를 즐길 수 있다. 굳이 블록버스터 영화만큼의 제작비가 필요하지 않은 OTT 채널에서의 영화 제작은 인디 영화의 제작과 배급에도 활력을 불어넣기에 예술의 다양성 추구에도 기여한다. 또한 방송통신심의위원회의 심의를 받지 않기 때문에 레거시 미디어(legacy media)에 비해 창작의 자유가 보장되기도 한다.

초기에는 단말기를 사용함으로써 영화나 TV 프로그램을 VOD 방식으로 제공하던 서비스가 인터넷 기술의 급성장으로 인해 그 범위가 모바일로 팽창함에 따라 OTT의 범주와 시장은 점점 더 확장되었다. 포스트 코로나 이후 비대면 모임 등이 일상화되면서 OTT 서비스는 비대면 맞춤 채널로서 적합하고 더군다나 휴대 전화 보급률이 100%에 임박한 한국의 경우에는 더욱 OTT 서비스에 최적화된 공간이 되었다. OTT 콘텐츠들은 블록버스터 영화들의 극장 독과점과 같은 부작용에서도 자유롭기 때문에 폭넓은 소비자들에게 문화 콘텐츠를 제공할 수 있는 기회가 많다. 소비자들의 경우에도 극장 티켓 가격으로 한 달 동안 무제한 영화 관람이 가능하기 때문에 경제적으로 장점이 많다. 또한 대표적 글로벌 OTT 기업인 넷플릭스(Netflix)도 알고리즘에 기반하여 사용자에게 적합한 영상을 추천하고 소비자의 사용 패턴을 예측 가능한 지표로 통계화하기에 사용자는 자신에게 추천된 영화 등을 지속적으로 관리해주는 플랫폼에 대한 의존도를 높일 수밖에 없다. 넷플릭스는 2025년 8월 기준 구독자 3억 160만 명의 글로벌 디지털 플랫폼으로 성장했다. 이처럼 OTT 플랫폼은 문화 콘텐츠 산업의 핵심으로서 포스트 미디어 시대의 필수 조건이자 글로벌 문화 콘텐츠 성장에 기여하고 있다. 핸슨(Mark Hansen)이 말하는 "세계 감성"(worldly sensibility)은 이를 설명하는 적절한 용어이다. 핸슨은 사이버 공간이라는 가상 공간을 현실과 지속적으로 상호작용하는 혼합 현실로 정의하고 디지털 공간을 기술과의 융합 속에서 생성되는 실재로 인지한다(25).

코로나 팬데믹은 언택트(Untact) 문화의 양상을 더욱 가속화시켰고 영화가 극장에서만 상영되어야 한다는 기존 관념을 해체하면서 영화 스크린에 집중되었던 영토성은 점점 탈영토적인 OTT의 영역으로 재영토화 중이다. 이에 더해서 코로나 전에 제작되었던 영화들의 극장 개봉이 전염병 여파로 힘들어지면서 넷플릭스나 IPTV에서 개봉하게 된 계기로 인해 영화는 꼭 극장에서 상영되어야 한다는 기존의 불문율이 해체되었다. 게다가 관객들은 조금만 기다리면 OTT 채널에서 영화를 볼 수 있기 때문에 극장 티켓의 판매만으로 수익을 확보하기가 어려운 영화 산업은 멀티 플랫폼을 찾을 수밖에 없는 상황이다. 넷플릭스의 경우를 살펴보면

1997년 DVD 렌탈과 판매로 사업을 시작했지만 2007년부터 온라인 스트리밍 서비스를 개시하면서 기존의 텔레비전 방송을 위협하는 새로운 미디어 모델로 자리매김하였다. 2018년부터 넷플릭스는 오리지널 콘텐츠에 투자하였고 제작의 비중도 점점 늘렸다. 그 이후 코로나로 점점 일상에서 외출이 힘들어진 상황은 비대면, 온라인 문화 산업의 발전으로 이어졌고 OTT 서비스는 외출을 꺼리는 문화 소비자들의 대안으로 부각하였다. 2019년 넷플릭스는 전미 영화협회의 회원이 되면서 영화 산업의 메카로 자리매김하면서 다양한 글로벌 OTT의 등장에 큰 영향을 끼쳤다.

한편 디즈니(Disney)는 기존에 비축한 콘텐츠에 추가로 픽사(Pixar), 마블(Marvel), 스타워즈(Star Wars), 내셔널 지오그래픽(National Geographic) 등을 합병하고 자체 스트리밍 서비스를 시작하여 거대 콘텐츠 라이브러리를 보유하게 되었다. 자체 구축의 오리지널 콘텐츠와 스토리텔링이 풍부해서 OTT 시장에 진입하기 전에도 미디어 프랜차이즈를 통해 꾸준히 성장의 길을 걸어 온 글로벌 미디어 그룹으로서 디즈니도 2019년부터 자체 콘텐츠 라이브러리를 통해 OTT 플랫폼에 진입하면서 유통, 제작까지 하면서 넷플릭스와 경쟁 구도를 펼치게 되었다. "스포츠 콘텐츠 전문 스트리밍 서비스인 ESPN+, 광고 기반 유로 스트리밍 서비스 Hulu, Disney+까지 섭렵한 디즈니는 SVOD 서비스의 강자인 넷플릭스와 AVOD 서비스의 선두주자인 유튜브에 강력한 경쟁자로 부상했다"(이성민 49). 2023년 3월에 개최된 월드 베이스볼 클래식

(WBC)의 중계로 인한 세계적 인기에 힘입어 디즈니+는 구독자의 수요를 미리 파악하여 참여 선수들의 근황을 알리는 등 OTT 플랫폼도 즉각적으로 활용하였다. 디즈니는 저렴한 이용 요금과 방대한 콘텐츠 목록, 통합 패키지 이용 가능 등으로 다양한 구독자의 성향에 충족할 것으로 예측됨에 따라 더 큰 잠재적 발전이 기대된다. 또한 2020 HBO, 2021년에는 애플 등의 글로벌 대기업들이 OTT 시장에 가입하였고 그 이후에도 거대 미디어 기업들의 상호 M & A로 경쟁은 더욱 치열해지고 있는 추세이다.

국내 OTT 플랫폼에도 M & A가 활발하게 이루어지고 있는데 CJ 그룹의 OTT 채널인 티빙(TVING)은 KT의 OTT 플랫폼인 시즌(Seezn)을 합병하면서 특히 웹툰의 드라마화를 강조하였고, KT와 CJ ENM은 KT 스튜디오 지니에 지분을 투자하면서 경쟁력을 강화하였다. 웨이브(Wavve)는 NBC 유니버설(NBCU)과 글로벌 OTT 연맹을 맺은 바 있다. 왓챠(WATCHA)는 고전 영화, 독립 영화, TV 시리즈를 다루면서 한국형 넷플릭스 OTT 서비스로서 각광 받았고 뒤이어 일본에서 라인(Line)과 협업하면서 왓챠 피디아(WATCHA-pedia)라고 이름 붙인 콘텐츠 평가 서비스를 기점으로 해외로 서비스를 넓힐 예정이다. 뒤늦게 합류한 쿠팡 플레이의 경우에도 최신 영화 개봉을 통해 지속적으로 OTT 시장에서 범위를 넓혀가는 중이다.

국내에 넷플릭스 다음으로 진출한 애플(Apple) 플랫폼은 SK 브로드밴드와 협약을 하면서 디즈니 보다 앞서서 한국 시장에 진입하면서 애플 TV+를 출시하였다. 그 외에도 아마존 프라임(prime) 비디오 서비스, 글로벌 미디어 그룹인 파라마운트 글로벌의 OTT 플랫폼인 파라마운트 플러스(Paramount+) 등도 진입하면서 한국의 OTT 시장은 다변화를 겪는 중이다. 우리나라에서는 2022년 코로나 상황이 점차 안정되면서 <범죄도시> 시리즈와 <한산>과 같은 블록버스터 영화들이 개봉했지만 흥행의 성적표는 코로나 이전만큼은 아니었다. 2022년 정보통신정책연구원이 발표한 OTT 서비스 이용 현황을 살펴보면 OTT 이용률은 2019년 41%, 2020년 72%, 2021년 81%로 코로나 발생과 함께 이용 증가를 보였다. 넷플릭스 서비스 코리아(Neflix Service Korea)는 2024년 기준 8,997억 원의 매출을 보고하였는데 이 매출 가운데 K-콘텐츠인 <승리호, 2018>, <오징어 게임, 2021>, <지옥, 2022> 등이 기여한 바가 컸다는 보도를 통해 시대상을 반영하는 시의적절한 OTT 콘텐츠에 대한 이해가 필요함을 인지할 수 있다.

전 세계 190여 개국에서 제공되는 디지털 OTT 플랫폼으로 제공되는 영화와 드라마는 참신한 콘텐츠와 관람의 편리성이 더해지면서 더욱 인기를 얻고 있다. 이 가운데 한국형 OTT는 특히 스토리 전개와 뛰어난 디지털 연출 기술을 통해 완성도가 높은 작품성을 지니고 있기에 디즈니+와 애플 TV+도 K-컬쳐에 투자하게 되었다. 게이미피케이션(Gamification)이란 미디어 사용자들이 비게임의 상황에서도 게임과 같은 상황의 콘텐츠를 통해 즐거움을 갖게 되는 현상을 의미한다. 게이미페이션 장르로서 가장 성공한 K-

시네마는 <범죄도시> 시리즈와 넷플릭스 드라마로는 <오징어 게임> 시리즈를 들 수 있다. <범죄도시>와 <오징어 게임> 이전에 아시아 국가들에 게이미페이션의 오락적 재미를 알린 프로그램은 SBS의 <런닝맨>이었다. 이광수와 송지효와 같은 K-스타를 배출하였고 스타들이 게임에서 일반인처럼 꾸밈없이 등장하는 모습은 몰래 카메라 형식의 프로그램이 제공하던 관전 포인트를 제공하였다. <오징어 게임>의 경우에는 한국의 80-90년대 어린이들이 즐겼던 한국 고유의 놀이들을 차용하면서 자연스럽게 한국 사회에 만연한 뿌리 깊은 물질만능주의의 민낯을 여실히 보여준다.

코로나 시기에도 극장가에서 천만 흥행 돌풍을 일으킨 <범죄도시> 시리즈의 경우에는 불법을 감행해서라도 경제적 이익만을 추구하는 어두운 범죄 집단과 이러한 범죄 조직을 소탕하려는 경찰을 전면에 두어 권선징악을 추구한다. 관객들은 스스로 선을 추구하는 경찰의 입장에 감정을 이입하여 게임을 관람하듯 한국형 유머 코드까지 삽입된 영화 구도에 매료된다. 선과 악의 게임과 같은 전개 구도는 K-시네마나 드라마의 흥행 요소 중 하나이며 <범죄도시>와 <오징어 게임>의 공통점은 자본의 양극화가 양산한 어긋난 물질만능주의의 그늘이 무엇인지를 여실히 조명한다는 점에 있다. <기생충>의 경우에도 반지하와 저택의 대조를 통해 세계 전반에 심화된 빈부의 격차로 인한 사회 계층의 분열 및 이로 인한 빈민 계층의 소외 문제를 통해 전 세계인의 감성을 자극하였다. <기생충>의 오스카 상 수상 이후 외신들은 한국 영화를 K-시네마로, <오징어 게임>의 에미상 수상 이후 한국 드라마를 K-드라마로 정의하고 중점적으로 이들을 다루고 있다.

이외에도 시공간 초월과 이동을 다루는 K-SF, K-퓨전 고전물들의 제작과 국내외에서의 흥행도 K-드라마의 사례를 들 수 있다. 예를 들어 <도깨비, 2016>, <아씨 두리안, 2023>은 시공간을 초월한 로맨스물로서 스토리의 묘미 뿐만 아니라 순간 이동을 표현하는 연출력에 있어서도 호평을 얻은 경우이다. K-드라마의 로맨스 코드는 <태양의 후예, 2016>, <이상한 변호사 우영우, 2022>, <이태원 클라쓰, 2022>를 비롯한 대부분의 드라마에도 등장하는데 K-스타들의 등장과 더불어 독특한 상황에서 사랑의 감정을 연출하는 시나리오와 극적 전개가 많은 인기를 얻고 있다. OTT 콘텐츠는 제작 시간이 오래 걸리는 지상파 드라마나 극장에서 개봉되는 영화와는 달리 제작 기간이 다소 짧기 때문에 시의성이나 화제성 넘치는 소재들을 적시에 제작할 수 있는 장점으로 적시의 세상을 담아내는 거울과도 같은 기능을 담당한다. 이처럼 OTT 플랫폼은 전 세계인들의 관심을 끌고 주목받기 때문에 OTT 플랫폼에 관한 지식을 습득하고자 하는 수요가 점점 늘어나는 추세이다.

이처럼 OTT 플랫폼은 현재 전 세계적으로 가장 인기 있는 콘텐츠임에도 불구하고 학술적 연구는 그다지 많이 이루어지지 못했다. 정부 통계에 의하면 2014년 국내 OTT 시장의 규모가 1,926억에서 2023년 5조 6천억으로 성장하였는데 그 이유는 국내

OTT 콘텐츠의 우수성을 인지한 글로벌 OTT가 국내 시장으로 협업 및 투자를 하게 된 덕분이다. 특히 K-컬쳐의 우수성은 글로벌 자본의 유입과 더불어 해외 시장으로의 진출도 활발하여 포스트 코로나 이후, K-컬쳐는 '디지털 벨 에포크'(Belle Epoque) 시대를 열고 있을 수준에까지 이르렀지만 K-컬쳐에 관한 연구는 대부분 코로나 이전에 이루어진 연구에 그친다. 2021년에 "국내 케이팝 연구의 지식 구조에 관한 연구 키워드의 네트워크 분석"(오지민·이수범 19)이 이루어진 바 있으나 케이 팝 연구에 국한되는 한계가 있다. 디지털 데이터의 광범위함과 비정형 텍스트 데이터 분석을 위하여 텍스트 마이닝(text mining)을 통한 광범위한 정보 수집과 연관 문화 산업과 장르의 추이를 살펴보는 작업이 필요하다.

> Text mining, text data mining (TDM) or text analytics is the process of deriving high-quality information from text. It involves "the discovery by computer of new, previously unknown information, by automatically extracting information from different written resources." (Hearst 3)

> 텍스트 마이닝, 텍스트 데이터 마이닝(TDM) 또는 텍스트 분석은 텍스트에서 고품질 정보를 도출하는 프로세스이다. 여기에는 "이전에 알려지지 않은 새로운 정보를 컴퓨터로 발견하여 서로 다른 서면 리소스에서 정보를 자동으로

추출하는 것"이 포함된다.

드보르(Guy Debord)가 "자본주의 미디어와 이미지는 상품과 같이 재화를 창출하는 가장 진보한 산물"이라고 강조하였듯이 디지털 스펙타클 환경은 현대인의 일상에 젖어 들어 일상의 정서를 이완 혹은 분노와 우울감을 표출시키는 정서 미디어로 진화하고 있다. 일상과 스펙타클 가상현실의 혼돈이 올 정도로 스펙타클 사실주의는 현 시대를 정의하는 하나의 잣대가 되었다. 이에 더하여 비대면 환경의 편이와 확산은 가상현실과 스펙타클 사실주의를 더욱 가속화하는 중이다.

[사진 1] 최근 OTT 콘텐츠의 핵심 키워드를 워드 크라우드로 추출해 본 데이터

이에 본 연구는 포스트 코로나 시대의 OTT 채널의 콘텐츠 양상을 연구하는 시의성 있는 연구를 통해 가장 최신 동향의 글로벌 OTT의 특성을 짚어보는 연구 방법을 통해 보다 밀도 있는 연구 성과를 도출하며 이를 통한 시사점을 발견해보고자 한다. 또한 전 세계 각 지역에서 수용되고 재창조되는 글로벌 문화의 특성을 파악하는 연구가 OTT 콘텐츠와 이루어질 예정이므로 선행 연구와의 독창성을 지닌 연구가 될 것이다. 본 연구가 지향하는 교양서는 OTT 플랫폼에서 방영되는 영화나 드라마에 대한 관심이 있는 독자들에게 OTT 플랫폼에 나타난 주요 문화 콘텐츠 특징의 흐름과 관련 대표 작품들을 소개할 예정이다. 또한 시대적 흐름에 따른 OTT 플랫폼 속 콘텐츠의 흐름과 특성도 소개할 예정이다. 그러므로 OTT 플랫폼에서 상영된 참신한 콘텐츠에 나타난 이해는 글로벌 시민으로서 필요한 교양 지식을 습득하기 위한 필수 과정이 될 것이다. 그리고 무엇보다 전 세계인들의 주목을 받고 있는 K-콘텐츠에 대한 이해가 선행되어야 할 필요성이 있기에 본 연구는 아직 선행 연구가 부족한 K-콘텐츠의 양상을 분석하여 연구에 진정성을 더하는 교양서가 될 것이다.

제2장

OTT 영화와 드라마의 주요 트렌드와 키워드

1. 디지털 좀비의 귀환: <킹덤, 2019-2021>과 <지금 우리 학교는, 2022>

좀비 영화 속 좀비는 그동안 서양에서 고딕(gothic) 호러 장르에 등장한 주인공으로서 사람을 물기만 하면 그 피해자들도 좀비로 변해버리는 악의 화신, 혹은 "살아있는 시체"(the living dead)와 같은 존재로 회자되었으나, 21세기에 들어서 새롭게 재해석되고 있다. 공포 영화의 하위 장르로 인식되었던 좀비 영화는 이제 "좀비 시네마의 르네상스"(the renaissance of the zombie cinema)라는 용어로 회자될 정도로 다양한 좀비 장르로까지 확산되고 있다. 이러한 상황에서 인류의 일상을 앗아가는 다양한 바이러스의 등장을 비롯하여 환경 파괴, 전쟁 등은 지구를 21세기 인류에게 더 이상 피난처로 존재하지 못하게 만들었다. 현실에서 발생하는 재난 상황은 더욱 영화 공간에서 디스토피아 세계를 연출하였고 특히 2000년대 이후에 제작된 밀레니엄 좀비 영화들은 바이러스가 창궐한 집단 감염 현상을 영화나 드라마에 반영하기 위해 더욱 현실감이 높은 좀비 영화들을 제작한다.

<월드 워 Z>(*World War Z*, 2013)와 <워킹 데드>(*The Walking Dead*, 2019-2021)의 대중적 인기를 통해 명실공히 새로운 장르로 부활한 좀비 영화는 돌연변이나 인수감염의 바이러스 등장 등을 통해 포스트 아포칼립스의 세계관도 더욱 깊어졌다. 또 다른 밀레니엄 좀비 영화의 특성 가운데 흥미로운 점은 이들 좀비는 과거의 좀비보다 더 과격한 움직임을 보이고 분노를 표출한다는 점이다. 이들은 과거처럼 타인의 조종하에 있는 것이 아니라 때로는 이성적인 판단과 갈등도 하는 양상을 보여준다. 역사적으로 좀비 영화가 흥행하던 순간에는 인류에게 닥친 위기가 있었고 좀비 영화는 이로 인한 불안함과 공포를 잘 부각해주었다. 관객들은 현실의 공포 속에서 자신의 현실과 닮아 있는 좀비 영화를 갈망하기에 이르고 이러한 현상은 좀비 열풍(zombie fever), 좀비언스(zombience), 스몸비(smombie) 등과 같은 신조어를 도출하기에 이르렀다. 이처럼 좀비는 이제 더 이상 오래된 영화 속에 등장하는 괴물처럼 상상의 세계에 존재하지 않고 인류의 일상 곳곳에 언제든지 다가올 수 있는 위협과 공감의 존재로 인식된다. 그러하기에 좀비는 인류의 모습과 닮아 있는 포스트휴먼 존재이면서 유령과는 다른 모습이다. 왜냐하면 좀비는 바이러스 감염으로 좀비가 되기 전에는 우리와 같은 인간이었기 때문이다. '감염된 인류'로서 동정적으로 바라보아야 할 인류의 또 다른 자아가 된 좀비는 이제 대중문화의 핵심적인 요소로 자리하고 있으며 장르를 넘나들면서 세계적으로 주

목받고 있다.

보편적 글로벌 감성이 콘텐츠의 중심인 글로벌 OTT 플랫폼에서 좀비 콘텐츠는 최근 OTT 시장의 흥행 공식이다. 좀비가 등장하는 영화나 드라마는 과거의 괴기 영화의 모습을 답습하는 양상에서 다소 벗어나 좀비와 연대하는 동정과 연민을 강조한다. 그리고 그 가운데 발생하는 인간과 비인간인 좀비 사이에서 발생하는 미묘한 양가적 감정이 전달된다. 한때는 인간이었지만 다른 좀비에 의해 감염되면서 좀비로 변했기 때문에 좀비는 어쩌면 우리 안의 타자와도 같은 존재이다. 과거의 괴물 영화들이 인간과 괴물이 벌이는 결투로 구성되었다면 21세기 좀비 영화들 속 좀비는 때로는 희생양 혹은 선의의 피해자로서 연출되는 양상이다. 그리하여 <워킹 데드> 시리즈를 비롯한 현대 영화나 드라마의 좀비 서사는 과거의 좀비 영화들과는 달리 평범한 사람들이 좀비가 되어가는 과정에 주목한다. 영화를 너머 웹툰, 예능 등으로까지 그 경계를 넘어서는 좀비 장르는 페인(Rodger Payne)이 주장하듯이 바이러스 감염 등을 통해 누구나 좀비가 될 수 있다는 시대적 불안과 함께 글로벌 관객들과의 공감대를 이어간다(222). 코로나 바이러스의 감염 혹은 확진자와의 접촉으로 격리의 일상을 겪어 본 인류는 언젠가는 바이러스 전파를 통해 '좀비'와 같은 존재가 될 수 있는 가능성을 인지하게 되었다. 영화 속에서 감염되지 않은 사람들이 좀비가 되지 않기 위해 좀비들과 투쟁을 이어가고 생존자들이 서로 함께 생존을 위해 연대하는 모습은 인류가 겪었던 팬데믹 상황에 대처했던 모습과 흡사하다. 특히 밀레니엄 아메리칸 좀비 영화들의 경우 9.11 테러 이후 인종적, 계층적 갈등을 더욱 강하게 표출하면서 그동안 내면에 잠재해있던 외부의 위협에 대한 두려운 미국인들의 심리를 좀비 영화 속 좀비들을 통해 노출시키고 대변해내는 양상이다.

바커(Clive Barker)가 주장하듯 좀비 영화는 21세기 첨단 과학 기술의 시대가 맞이하는 두려움과 현실 도피에 관한 소재를 다룬다(29). 시대적 변화에 따라 좀비의 기표도 과거에 사전적으로 정의되었던 시체와 같던 갇힌 정의에서 벗어나 사회 전체의 질서를 전복시키거나 사회의 시스템을 마비시킬 수도 있는 '변종적' 존재로 변이하고 있음을 좀비 영화 속 기표들을 통해 읽어낼 수 있다. 코로나, 에볼라 바이러스, SARS나 MERS 등과 같은 다양한 신종 바이러스가 등장했을 때마다 사람들 사이에 형성되었던 공포는 글로벌 공감대를 형성하였고 같은 맥락에서 감염과 바이러스 전파의 문제를 다루는 좀비 영화들도 관객들에게 대안 현실을 경험하게 하는 역할을 수행하였다. 페스트나 콜레라와 같이 과거에 유행하던 전염병들과 달리 21세기의 바이러스는 교통수단의 발전으로 인해 전염의 파급 효과가 전 세계적으로 확장되어 그 감염의 정도가 더욱 높아진 상태로 인류를 위협한다. 그 가운데 밀레니엄 좀비 영화는 영화 속에서 가상과 현실의 경계를 넘나드는 매개체로서 '비인간인' 좀비와 인간의 영역 '사이'에서 포스트휴먼 세계를 재현해낸다.

> 21세기에 등장한 좀비 영화는 상당 부분 문명 도시로서의 기능이 마비된 공간적 배경을 중심으로 펼쳐진다. 예를 들어 영화 <더 로드>(*The Road*, 2009)는 인간과 문명의 그림자라곤 좀처럼 찾아볼 수 없는 황량한 미국 본토를 배경으로 하며, 가장 최근에 제작되어 커다란 흥행을 기록한 <월드 워 Z>는 무시무시한 속도로 퍼져가는 좀비 바이러스에 무너지는 전세계의 풍경을 동시에 담고 있다. 고전 좀비 영화의 배경이 지엽적이었던 점을 견주어볼 때 다루는 범위가 매우 확장된 것이다. (김민오·이준희 27-28)

바이러스 감염은 지구에 미치는, 그리하여 전 인류가 그 영향에서 벗어나기 힘든 일종의 편집증을 만들어낸다. 생화학 테러 등 무기가 없이도 전쟁이 가능해진 시점에서 바이러스란 보이지 않는 전쟁 발생의 위협을 배가시키듯이 좀비 바이러스의 확산도 신인류의 생존을 위협하는 요소로 다가온다. 이러한 상황에서 좀비 바이러스가 인간에게 감염되는 것을 필사적으로 막는 영화 속 주인공들의 모습은 인간의 생존에 대한 강한 열망을 대변한다. 갑작스러운 외부적 재난이나 바이러스를 통해 인류가 언제든 좀비처럼 될 수 있다는 가능성에서 비롯된 두려움이 점점 좀비 영화 속 주인공들의 현실과 닮아 있는 현상으로 투영된다.

디스토피아의 미래를 직면할 것 같은 인류의 막연한 불안감은 마치 인류의 아바타처럼 보이는 좀비를 통해 투영되면서 점점 더 가상의 세계와 현실의 경계는 모호해진다. 인류의 복합적인 감정이 이입된 좀비는 인류의 내면에 잠재한 욕구를 분출케 하는 대안적 자아가 되기에 좀비는 인류의 포스트휴먼 자아이다. 그러므로 밀레니엄 좀비에 관한 이해는 포스트 코로나 이후 제작된 좀비 영화를 해석하기 위한 필수적인 과정이다.

2000년대 이후 제작된 <28일 후>(28 *Days Later*, 2002)와 <레지던트 이블>(*Resident Evil*, 2002)을 비롯한 밀레니엄 좀비 영화들은 기존의 70-80대 좀비 영화들과는 달리 겉보기에는 마치 SF 영화의 성격을 띠는 듯한 양상이다. SF라는 틀 속에서 이들 좀비 영화들은 지구의 존폐와 연관된 파괴적이고 위협적인 영향력을 행사하는 과격한 좀비들을 등장시킨다. 그리고 이들의 감염 전파 속도는 과거보다 더 빠르고 과거의 좀비들보다 잔인한 행동을 보이고 이동할 시의 속도감도 빠르다. 새로운 좀비 아포칼립스 세계관 속에 등장한 그들의 모습은 공포스럽지만 관객들은 갑자기 좀비가 되어버린 이들의 불행에 동정하는 양상이다. 특히 아메리칸 좀비 영화들은 좀비들이 출현하게 된 원인이라고 할 수 있는 물질만능주의, 인종차별, 계급주의, 무분별한 환경 파괴 등에 대해 신랄하게 비판한다.

<28일 후>는 동물 권리 운동 집단이 방사한 감염된 침팬지로 인해 세상에 '분노 바이러스'(Rage Virus)가 퍼져나가는 양상을 담은 작품이다. 그 후 28주의 시간이 흘러 도시는 바이러스 감염자로 초토화되는 비극을 맞이한다. 이후 속편으로 제작된 <28주

후>(*28 Weeks Later*, 2007)는 분노 바이러스 후 6개월이 흐른 시점에서 시작된다. 미국까지 개입한 분노 바이러스와의 전쟁으로 인해 좀비와의 전쟁은 승리로 마무리되고 도시는 점점 일상을 되찾고, 런던을 떠났던 시민들도 회귀하면서 가족들은 다시 만나는 기쁨을 맞이한다. 그러나 바이러스는 아직 곳곳에 잠재하고 있었으며 바이러스의 잠복과 뒤늦은 발현은 오히려 예전보다 더 심각한 상황을 초래한다. 좀비 종말론을 공포 영화에 담은 두 작품은 밀레니엄 좀비 영화의 대표작으로 평가된다.

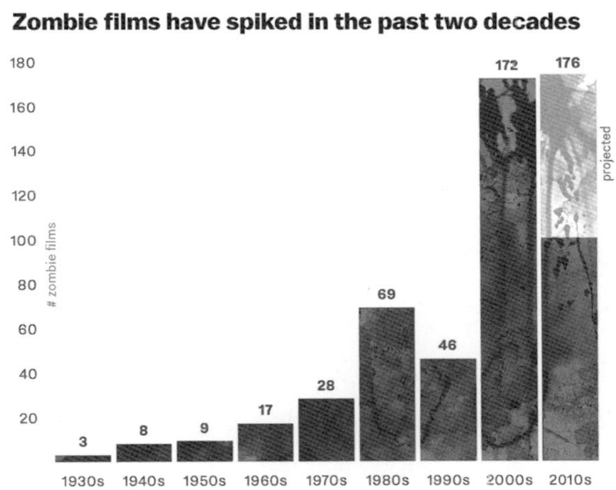

[사진 2] 좀비 영화의 증가 추세를 보여주는 통계

(출처: The Zombie Database(ZMDB))

그동안 많은 좀비 영화들이 미국에서 제작되었지만 로메로(George A. Romero) 감독의 작품들이 대부분이었고 그 특성도 단순히 컬트 시네마(cult cinema) 정도로 분류되어서 외면 받았다(Wonser 628). 9.11 테러를 기점으로 그 이후에 제작된 할리우드 영화들 가운데 1/3 이상이 좀비 영화라는 통계는 좀비 영화의 재등장이 시대적 흐름에 대한 부응이라는 해석을 가능하게 한다. 아이티(Haiti)의 부두교에서 비롯된 것으로 추정되는 좀비의 유래처럼 초기의 좀비 영화 속 좀비들은 과거 아이티 부족이 프랑스 식민지로부터 겪었던 인종적 트라우마를 반영하는 양상이다. 노예와 주인의 관계에서 노예처럼 종속된 채 주인의 부름으로 깨어난 시체와 같던 좀비의 모습은 제국주의의 역사적 그늘을 반영한다. 이들 좀비들은 그들이 좀비가 되기 전에 주변 사람들로부터 겪었던 억울함과 분노의 감정을 표출하면서 마치 (흑인) 복수극의 패턴을 보였다.

이와 더불어 그동안은 자칫 B급 정서로 분류될 수 있어서 비주류 영화, 혹은 다양성 영화의 일부로 간주되었던 좀비 영화들은 디지털 SF 장르와 견줄 정도의 높은 리얼리티를 구현한다. 이러한 실재처럼 흡사해진 현실은 더욱 영화 속 현실의 개연성을 높이는 역할을 하는데, 예를 들어 메르스가 중동에서 등장하여 사망자를 내면서 갑작스럽게 세계적인 공포로 다가왔던 시기에 호흡기 감염을 통해 수많은 사람들이 집단 감염되었던 모습은 무차별적으로 인류를 공격하며 인육을 탐하는 좀비의 이미지와 결부되었다. 현실과의 개연성이 높아진 양상이 보다 영화 속 현실감을 높이는 구현으로 이어졌던 것이다. 또한 미국 전체가 좀비화될 수 있다는 감염의 전파력과 감염이 되기 전에는 정상인이었던 사람들이 점점 좀비가 되어가는 과정을 연출하는 구체적 재현은 좀비와 정상인의 모습이 크게 다르지 않다는 점을 강조하는 양상이다. <워킹 데드> 시리즈의 주요 내용이 이웃을 경계하면서 좀비와 인간 사이의 경계에 놓인 이웃을 서로 믿지 못하고 갈등하는 점임을 되새겨보면 인간과 탈-경계에 놓인 좀비는 좀비 열풍의 기본 요소이다.

과거 좀비 영화의 전형성에 벗어난 좀비 내러티브를 추구하는 몇 편의 다른 영화들을 좀 더 언급하자면 <웜 바디스>(*Warm Bodies*, 2013)는 사람과의 사랑을 갈구하는 좀비, <인 더 플래쉬>(*In the Flesh*, 2013)의 좀비는 사유하는 좀비, <월드워 Z>는 동물 같은 좀비를 묘사한다. <인베이젼>(*Invasion*, 2007)의 좀비는 외계인의 모습을, <인새니테리움>(*Insanitarium*, 2008)은 정신적 문제가 있는 좀비, <나는 전설이다>(*I Am Legend*, 2007)에 등장하는 좀비는 흡혈귀로 나타나는 다양성을 띤다. 이처럼 다양한 차별화된 특징을 보이는 아메리칸 좀비의 특성들은 좀비 영화 장르의 세분화를 이끌 것으로 예측된다. 아울러 불안한 정서와 공포심과 같은 불특정 다수를 향한 혐오 범죄, 핵 문제, 생화학 테러, 디지털 해킹 등의 소재가 뒤얽힌 듯 보이는 복잡한 좀비 내러티브의 변이 과정들과 감염의 확산 과정을 묘사하는 부분들은 점차 "디지털 네이티브”(Digital Native)[1] 세대를 고려하여 그 소재나 다루는 배경을 점차 확대해가는 중이다.

한국 영화의 경우에는 <부산행, 2016> 이후로, <창궐, 2018>, <킹덤, 2019> 등이 제작되었다. 역사적으로 최초의 좀비 영화로는 <화이트 좀비>(*White Zombie*, 1932)와 <살아있는 시체들의 밤>(*Night of the Living Dead*, 1968)을 들 수 있으나 그동안 B급 영화나 다양성 영화로만 분류되던 좀비 영화는 앞서 언급했듯이 2000년대 이후 <28일 후>와 <레지던트 이블>을 기점으로 대중문화 속에서 재조명되었고 영화뿐만 아니라 드라마, 게임, 웹툰 등으로도 제작되어 “좀비 사회”라는 용어도 등장하기에 이르렀다. 초기의 좀비 영화는 주술사의 최면으로 노예로 전락한 좀비가 등장하다가 60년대에는 억압받는 타자, 70-80년대에는 소외된 주변인, 2000년대 이후에는 시대를 반영하는 듯 잉여 인간 등의 이미지를 통해 좀비의 모습이 묘사되었다. 밀레니엄 좀비 혹은 포스트 좀비로 불리는 21세기의 좀비는 이제 인간과 동떨어진 대상이 아니

---

1 디지털 네이티브란 교육학자 프렌스키(Marc Prensky)가 2001년에 “디지털 네이티브, 디지털 이민자”(Digital Native, Digital Immigrants)라는 용어를 처음 사용하면서 대중화된 신조어이다. 특히 80년대 PC의 보급, 90년대 모바일 폰, 인터넷 사용의 증가로 인해 디지털 상황의 의사소통을 시작한 30세 미만의 나이층을 지칭한다. 그들에게는 국가에 한정된 모국어보다 웹이나 온라인 상의 네트워킹이 더욱 익숙하기에 디지털 언어를 사용한다고 할 수 있다.

라는 점을 시사한다. 그 가운데 K-좀비 영화는 2020년에 개봉된 <# 살아있다, 2020>와 <반도, 2020>의 흥행과 넷플릭스에서 방영된 <킹덤>과 <지금 우리 학교는, 2022>의 제작으로 이어졌다.

<# 살아있다>와 <반도>는 코로나로 힘겨운 일상을 보내던 한국 관객들을 영화관으로 이동하게 하는 도화선의 역할을 하였고 아시아 영화 산업 흥행에 기여하였다. 특히 <반도>의 경우에는 코로나 검열이 심했던 2020년 베트남에서 가장 많은 관객을 영화관으로 이끌었으며 <부산행>의 속편으로 각종 해외 영화제에서도 좋은 평가를 받은 작품이다. 폐쇄적인 아파트 단지에서 일어나는 재난 상황을 연출한 <# 살아있다>와 좀비로 폐허가 된 한국을 탈출하기 위한 생존자들의 사투를 그린 <반도>는 가까운 가족과 이웃이 좀비가 되어가는 과정을 구체적으로 묘사한다. 넷플릭스 좀비 영화로 학원 폭력을 비판한 <지금 우리 학교는>은 10대라는 특정 학생 계층들의 시선에서 바라본 좀비화 현상을 카메라에 담으면서 기성세대의 좀비 대처 방식의 무능함을 신랄하게 비판하는 특성을 지니고 있다.

10대 학생들이 고립된 공간에서 고군분투하며 생존하는 독특한 소재를 통해 네이버 웹툰에서 연재된 작품을 드라마로 제작한 <지금 우리 학교는>은 한국 청소년들이 지닌 불안의 정서를 잘 담아내면서 동시에 한국 사회에 만연한 생활형 범죄인 지하철 몰래카메라 등의 화제를 꺼내면서 한국 사회의 어두운 민낯을 재조명한다. <지금 우리 학교는>의 웹툰 연재와 드라마의 연이은 흥

[사진 3] <지금 우리 학교는>
포스터(넷플릭스 제공)

행은 웹툰에서 이미 검증 받은 내용을 영상 분야로 확장한 것이므로 OTT 콘텐츠 산업에 있어서 웹툰은 잠재적 성장 동력을 지닌 것으로 간주된다. 코로나 바이러스에 감염되면 긴 격리의 시간을 겪어야 하는 의무감에서 비롯된 막연한 두려움을 지닌 관객들은 영화를 관람하면서 한때는 정상적인 삶을 살았던 사람들이 감염이라는 외부적 요인을 통해 인간으로서의 삶을 박탈당하는 과정들을 관람하면서 동정을 보낼 수밖에 없다. 동시에 자신들의 현실의 안전에 대해 자기 위로를 받기도 하였다. K-좀비도 <부산행> 등 연이은 영화들이 시사하듯이 사회로부터 위로와 동정을 받아야 할 대상으로 탈바꿈한 것이다.

또 다른 넷플릭스 시리즈를 통해 방송된 <킹덤>은 조선 시대를 배경으로 등장하는 좀비를 드러내면서 시공간을 과거의 영역으로까지 확장하였다. 할리우드 좀비 영화와는 달리 사회적인 소외와 차별의 주제를 중심에 둔 K-좀비 영화들은 "변이나 생성의 욕망에 초점을 두고 정치적 혁명성이라는 메시지적 특성을 띤다"(이원진 219).

"최근에 연구된 좀비에 대한 정치적 해석의 문제를 다룬 연구들의 쟁점은 좀비가 한국 사회의 징후적 표상 혹은 젊은 세대들의 불안한 자화상이라는 해석에 있다"(이윤희 728). 역병이 조선을 파국에 몰아넣은 시대를 배경으로 전개되는 <킹덤> 시리즈는 두창으로 사망한 왕을 되살리기 위해 상사초를 구하러 다니다가 좀비에 감염된 민중들이 초래하는 좀비의 확산 과정을 보여준다. 시즌 1은 기아에 시달리는 백성들이 역병에 걸려 숨진 사체의 인육을 먹게 되면서 좀비가 확산되는 상황이 중심을 이루고, 시즌 2는 양반 계층들이 왕위를 찬탈하고자 좀비를 이용하는 정치극적인 상황이 중심을 이룬다. 타락한 양반들이 사치에 빠져 있는 동안 백성들은 배고픔을 못 이겨 인육을 먹게 되면서 나라는 점점 좀비화되고 조선이라는 사회 체제는 붕괴된다. <킹덤>은 조선 시대를 배경으로 제작된 공포 장르이지만 현실 사회에도 풍자적인 메시지를 제

[사진 4] <킹덤> 시즌2 포스터
(넷플릭스 제공)

공하면서 기존 사극들과는 차별을 둔다.

그 이후 제작된 <킹덤: 아신전>(*Kingdom: Ashin of the North*, 2021)을 통해서 한국의 한복이나 갓 등이 인기를 끌면서 글로벌 K-콘텐츠로 자리매김한 <킹덤> 시리즈들은 사극과 좀비 장르를 융합한 퓨전 사극임에도 불구하고 계급에 따른 불평등이나 인권 침해 등의 소재를 반영하였다. 만화『신의 나라』가 원작인 <킹덤>은 K-좀비를 사극 유형의 드라마로 완성한 신선한 소재를 통해 세계적인 주목을 받았다.

또한 웹툰은 사회를 향한 사회적 메시지를 담는 효과적인 수단이다. <지금 우리 학교는>의 경우에는 학교 폭력으로 아들을 잃게 된 과학 선생님의 잘못된 욕망으로 좀비 바이러스가 학교와 사회 전체에 퍼지게 되는 부성애의 왜곡과 빈부 격차의 문제를 담아내었다. 같은 반 친구들의 죽음, 그리고 이들이 좀비로 변화하는 충격을 통해 커가는 공포와 무기력함, 죄책감 등은 청소년들이 감당하기에는 무거운 트라우마이다. 판단 능력이 미숙한 청소년들이 주인공인 <지금 우리 학교는>은 청소년들이 생존하기 위해 전력을 다하지만 그들에게 아무 것도 해줄 수 없는 사회의 무능함을 느끼게 하고, 살아남아야 한다는 의지 속에서 인간만이 지닌 생명의 소중함과 자유의지의 가치를 다시금 떠올리게 한다. 이처럼 K-좀비물은 다양한 그로테스크한 서사 가운데 사회의 어두운 곳을 리얼하게 조명하는 비판적 서사물로서의 가치가 있다.

<스위트 홈, 2020>의 경우에도 넷플릭스에서 드라마로 방영

되면서 재건축 아파트 단지에서 좀비가 되어가는 이웃의 모습을 보여준다. 음영철은 "<스위트 홈>의 흥행은 다양한 한국 괴물 서사의 가능성을 보여준다"(141)고 해석한다. 좀비물이 드러내는 사회에 만연한 부조리와 모순은 좀비의 기괴한 등장 속에서 재조명되고 좀비의 창궐로 그 시스템은 모두 해체되고 비판되기에 좀비의 등장은 인간 실존에 대한 새로운 고민을 던지는 OTT 플랫폼의 화두이다.

[사진 5] <스위트 홈> 포스터(넷플릭스 제공)

비숍(Kyle Bishop), 크리스틴(Deborah Christine) 등과 같이 좀비를 연구하는 학자들은 이구동성으로 지난 10년 동안 좀비 디스토피아에 대한 연구가 과거보다 5배 이상 증가했음을 주장하는데(Lucena 329), 이처럼 좀비에 대한 연구가 다양한 학문군에서 이루어지는 현상은 좀비에 대한 세계인들의 관심의 결과에서 비롯된다. 좀비 영화를 “좀비주의”(zombie-ism)라고 정의한 산토스(Daniel Santos) 등의 좀비 연구자들의 주장과 더불어 아렌트(Hannah Arendt)의 “악의 평범성”(banality of evil)에서 비롯된 물질만능주의와 개발 중심의 가치관이 초래한 환경 파괴와 인간 소외, 또한 인수감염을 통해 전이되는 바이러스가 위협하는 특수한 상황 등도 좀비 영화가 출현하게 된 원인이다.

포스트 코로나 이후의 좀비 영화들이 가진 흥미로운 특징 중 다른 하나는 여성 인물들이 좀비와의 사투에서 중심적인 역할을 해낸다는 점이다. 육체적으로 더 강한 힘을 행사하는 여성 좀비들은 남성 좀비들보다 모성 본능을 발휘하기에 더욱 생존을 위해 고군분투하는 모습으로 부각된다. 크로프츠(Penny Crofts)는 “밀레니엄 좀비 영화는 좀비가 되기 전 피해자들의 모습이 반복적으로 오버랩되는 양상”(30)을 보인다는 언급을 하는데 K-좀비 영화들의 경우가 대표적인 사례이다. ‘낯선 익숙함’의 공포인 언캐니(uncanny)의 감정처럼 스크린을 통해 만나는 밀레니엄 좀비는 팬데믹 현상의 낯선 공포를 대변하면서 글로벌 관객들에게 그들의 아바타와도 같은 포스트휴먼 자아와 대면하는 듯한 가상 속 현실을 체험하게 만든다.

동서고금을 관통하여 지금의 시대에서 글로벌 관객들이 새롭게 형성하게 된 좀비에 대한 전형화된 이미지는 이들이 사회에서 소외되고 억압받는 불특정 소수자라는 인식이다. 시청자들은 좀비가 되지 않고자 생존을 위해 절규하는 등장인물들에게 연민을 느끼면서 우연한 감염자와의 접촉을 계기로 더 이상 사람으로 살아갈 수 없게 된 낙인화된 좀비를 동정받아야 마땅한 타자로서 받아들인다. 코로나 팬데믹이 장기화되면서 감염에 대한 공포가 일상화된 상황을 경험한 관객층은 언제든 좀비와 같은 존재가 될 수 있다는 일상의 공포를 이미 체험했기 때문에 그 공감대는 시청자들의 감각마저 좀비처럼 마비시켜버린다. 좀비 영화 속의 현실은 더 이상 영화 속 현실만이 아니라 앞으로 다가올지도 모르는 디스토피아의 세계이기에 좀비는 더 이상 퇴치 대상이 아니라 OTT 영화에서는 '프로타고니스트'(protagonist)로의 모습으로도 부각되는 양상이다.

아울러 포스트 코로나 이후 제작된 밀레니엄 좀비 영화들을 살펴보면 일종의 포스트휴먼 연대 의식이 발로하는데 이러한 위기에서 인류는 생존을 위해 연대하고 좀비 바이러스가 초래한 아포칼립스에서 지구를 지켜내고자 한다. 최근의 좀비 영화들은 이처럼 인류의 대다수가 좀비가 되어가는 과정에 주목하면서 인류에게 만연해버린 악의 평범성을 이야기한다. 뉴이악(Denis Newiak)은 좀비 영화가 "새로운 일상성에 대한 일종의 갈망"(a longing for new kind of commuality, 52)을 하도록 만든다고 주장한다. 좀비들의 강인한 파괴력과 존재감은 인류가 절대적으로 기대하는 평화에 대한 갈망을 역설적으로 드러내는 일종의 장치이다.

이제 인류는 언제든 일상에 다가올지도 모르는 바이러스의 공포로 인해 좀비와 같은 존재, 혹은 그러한 상황을 초래하는 돌변 요소들을 인정해야 하는 포스트휴먼 존재가 되었다. 포스트휴먼 좀비는 관객에게 "인간이란 무엇인가"에 대한 의문을 제기한다. 이에 좀비들의 폭력성을 혐오 대상으로만 바라볼 것이 아니라 거꾸로 좀비들이 세상을 향해 표출하는 분노를 새로운 유토피아에 대한 갈망으로 전환해 볼 시선의 변화도 요구된다. 그동안 대중문화의 한 장르로서 일반 대중들에게 호기심을 유발하는 오락의 장르로 인식되었던 좀비 영화들은 장기화 되었던 글로벌 팬데믹 상황을 거친 이후 포스트휴먼 장르로서 인식해야 할 전환의 필요성을 제기하고 있다. 과거에 고정된 좀비라는 기표를 벗어나서 사회문화적으로 상징적 의미를 내포하게 된 새로운 기표와 기의를 지닌 포스트휴먼 좀비의 특수성이 밀레니엄 좀비 영화의 다변적 연구를 통해 재발견될 것이다. 이러한 후속 연구들을 통해 현 시점에서 인문학이 찾아볼 수 있는 포스트 코로나 시대의 대안적 미래 사회에 대한 비전과 심리 치유의 방법을 좀비 영화를 통해 찾아볼 수 있을 것이다.

2. 디즈니 르네상스의 리바이벌과 21세기 판타지 : <정글북>과 <모글리>

2-1. 원작 동화의 실사 영화

<아바타>(*Avatar*, 2009-2022) 시리즈의 흥행 원인은 인류에

게 존재하는 원시 사회에 대한 동경과 회귀 심리에서 기인한다. 신화적 상상력과 생명 에너지가 가득한 <아바타> 속 환경은 인류 공영의 판타지이다. 이에 더하여 CG 기술의 발전은 현실감이 나는 장소를 구현할 수 있어서 더욱 공간 몰입감도 증폭시킨다. 바슐라르(Gaston Bachelard)는 이성 중심의 서양 문화에서 경시되었던 상상력에 대해 강조하는데 그는 시각 이미지가 효과적으로 과거를 환기시키는 역동성을 지니고 있음을 강조하였다. 특히 문학 장르에서 이미지란 시간을 거슬러 올라가는 적절한 매개체가 된다. 과거 애니메이션 만화의 실사 영화 제작은 이미 영화를 과거에 관람했던 소비자의 재진입과 더불어 새로운 세대의 소비자층을 동시에 유입할 수 있으며 원작 스토리가 탄탄했던 점을 감안하면 작품 제작과 흥행에 대한 실패의 우려가 낮다는 장점이 있다.

원작 소설 외에도 애니메이션 영화로 제작된 <정글북>은 월트 디즈니 애니메이션 스튜디오(Walt Disney Animation Studio)가 제작한 1967년 작품이다. 디즈니사의 정규 극장판으로는 19번째이며, 레이더먼(Wolfgang Reitherman) 감독의 작업을 통해 RKO 라디오 픽처스(RKO Radio Pictures)를 통해 극장에 배급되었다.

> 애니메이션을 바탕으로 하는 라이선싱 작업은 마케팅 등 부가가치의 개발을 통해 부가 수입을 발생시키며, 디즈니사의 주인공들은 라이선싱이 가능한 여러 마케팅 목적으로 활용되었다. 그리하여 디즈니사는 상징적 기법과 형식

을 이야기 전개 과정에 적극 활용한다. (김경주 264)

더욱이 인문학의 범위가 점점 확대되고 환경오염이 점점 심각해지는 시점에서 생태와 인문학에 대한 융합 연구도 지속적으로 이루어지는 중이다. 이에 '공존과 상생'의 길을 모색하는 인문학의 새로운 패러다임을 발견해 볼 필요성이 있다. 영화 <나무를 심은 사람>(*The Man Who Planted Trees*, 1987)의 경우에는 세계대전으로 인해 황폐해진 자연 환경과 인명 피해 등으로 인해 인류가 받은 상처와 트라우마를 다루지만 그 가운데 나무 심기의 실천을 통해 울창한 숲을 일구어낸 한 노인의 환경 살리기 이야기를 통해 상생의 인문학적 시선을 보여준다. 세계대전 후 황폐한 세상이 한 개인의 노력을 통해 극복되고 그의 실천적 의지가 코스모폴리턴 인류를 위한 생태철학이 된다는 개인의 실천 의지를 다루는 <나무를 심은 사람>은 생태 영화의 고전으로서 꾸준히 주목받고 있다. 무엇보다 영화는 정교한 파스텔 애니메이션의 세밀한 감각을 통해 일상에서 잃어버렸던 인류의 생태적 감수성을 되살아나게 한다. 백(Frédéric Back)의 작품은 움직이는 애니메이션의 움직임을 통해 자연이 지닌 생명력과 역동성을 마치 자연 그대로 재현해내는 특성을 지닌다.

나무 심기의 실천을 통해 숲을 되살아나게 하는 기적을 일으킨 한 노인의 이야기를 다룬 <나무를 심은 사람>의 이야기는 온실가스와 무분별한 벌목으로 고통받는 지구의 현 주소와도 공감대를 형성한다. 애니메이션 영화로서의 세밀한 기교를 통해 따뜻하게 구체화된 생태관과 인간과 자연이 공감하고 화합하는 장면의 연출은 미래의 생태 대안 사회인 에코토피아를 제시하는 양상이다. 또한 주인공인 부피에(Elzeard Bouffier)가 세계대전 후 35년 동안 황폐해진 숲에 도토리를 매일 심어서 수만 그루의 도토리나무가 성장하는 원작 소설의 이야기가 애니메이션 생태 영화의 프레임을 통해 재탄생하는 영화 미학은 코스모폴리탄 생태 감수성을 더욱 자극한다. <나무를 심은 사람>은 2만여 장의 파스텔 그림 작업을 통해 완성되었는데 마치 영화 속 등장인물인 부피에의 정성처럼 작가 백의 실천 의식도 남달랐고 파스텔 그림으로 완성된 영화 속의 자연은 실물을 담는 카메라에 담긴 자연보다 더 친근하고도 잔잔한 감동을 전달한다. 백이 표현해낸 자연과 인류의 모습은 파스텔 톤의 색감을 통해서 생동감 넘치는 생태 감수성을 자극한다. 지오노(Jean Giono)의 원작 소설을 영화로 각색한 작품으로서 세계대전을 거친 후 프랑스의 작은 마을에 일어난 생태 변화에 관한 이야기를 다룬 단편 영화는 코스모폴리탄 인류에게 환경 보호에 관한 실천적 관심을 자극하였다. 텍스트를 영상으로 변환하면서 자연이 지닌 생동적인 시각 이미지를 새롭게 재생산해낸 <나무를 심은 사람>은 미술과 영상의 결합이라는 새로운 시도에서 생태 융합 예술로서도 주목받고 있다.

<나무를 심은 사람>은 모든 구성을 파스텔로 그린 애니메이션으로만 전개하는 특징을 보인다. 영화는 개인적인 환경 보존

의 실천적 의지가 중요하다는 것을 매일 도토리를 심는 부피에의 움직임을 통해 부각시킴과 동시에 바람에 움직이는 나뭇잎 하나의 움직임에도 관심을 보인다. 즉, 그 자체만으로 자연의 생명성과 생동적 에너지에 주목하는 영상 텍스트이다. 인상주의(impressionism) 화풍을 반영하면서 자연의 역동적 움직임을 잘 담아내는 특성을 지니고 있는 <나무를 심은 사람>은 등장인물들과 자연의 변화를 표현하기에 적합한 장치이다. 또한 디졸브(Dissolve) 기법이 이미지 변환을 표현하는 효율적인 수단으로 활용하고 있다.

디즈니를 통해 실사판으로 영화화된 <정글북>(*The Jungle Book*, 2016)의 경우에는 실사 영화임에는 분명하지만 주인공 모글리 외 다른 등장인물들과 배경이 모두 CG로 창조되었다는 점에서 특이점을 보인다. 넷플릭스를 통해 상영된 <모글리>도 원시 사회로의 회귀를 갈망하는 인류 공영의 노스탤지어를 실사 영화를 통해 표현하였다. 밀림 속 늑대 소년의 성장 서사를 실사 영화로 제작한 동기는 <아바타>에 이은 인류를 위한 우화 창조의 욕망에서 비롯되었다고 할 수 있다. <라이온 킹>(*Lion King*, 2019)의 감독 파브로(Jon Favreau)에 의해 연출된 <정글북>은 실사 영화의 고해상도를 통해 작품의 세부적 디테일을 잘 묘사해내었다. 레이더먼(Wolfgang Reitherman) 감독의 원작 애니메이션 <정글북>의 경우에는 스크린 속 입체감을 표현하기에는 한계가 있다보니 색감의 변화에 주목한 반면에 실사 영화는 좀 더 화면의 밝기가 환하며 이국적인 정글의 울창함을 입체감 있는 깊이로 표현한다. 이처럼 디지털 작업

환경에서 디지털 시네마와 애니메이션은 시각화 효과에서 교묘한 차이를 보이면서 서로의 경계를 넘나들고 장점을 부각하면서 두 장르적 구분을 해체하고 있다.

한편 실사 영화 <정글북>의 속편 격인 <모글리>의 경우에는 모션 캡쳐(Motion Capture) 기술을 이용하여 배우의 움직임을 동물의 움직임으로 변환하여 표현하였다. 이 시도는 <아바타>에서 배우의 움직임을 아바타나 동물들의 표정이나 움직임으로 변환했던 시도와 일치한다. <정글북>의 경우에 모글리를 제외한 나머지 동물들과 정글은 모두 CG로 연출됨에 따라 <정글북>의 제작진은 정글과 동물을 CG로 세밀하게 구현하기 위해 실제 정글에서 10만 장의 사진을 촬영했고 70여 종이 넘는 동물의 털과 근육, 피부를 표현할 수 있는 새로운 프로그램까지 개발했다. 특히 곰 캐릭터 발루(Baloo)는 CG로 제작할 당시 큰 몸집에 미세한 털이 너무 많아 프레임당 렌더링(rendering)[2]을 하는 데 5시간이 걸렸다. 동물 실사 영화를 제작하면서 동물에 어떠한 해를 가하지 않고 촬영 작업에 임한 파브로 감독의 공에 대해 세계적인 동물보호단체인 PETA는 파브로 감독에게 혁신 영화상을 수여하였다.

<정글북>의 모글리는 천진난만하고 긍정적인 캐릭터로서 늑대의 위협에도 절대 굴복하지 않고 발루와 더불어 도구를 활용하

---

2 렌더링은 컴퓨터 프로그램을 사용하여 모델 또는 이들을 모아놓은 장면인 장면 파일로부터 영상을 만들어내는 과정을 말한다.

여 로얄젤리를 꺼내는 등의 모험을 한다. 정글 최상위 포식자인 시어칸(Shere Khan)에게도 맞서는 용기를 보여주는 모글리는 평소에는 가장 친근한 벗인 발루의 배 위에 올라타서 흥겨운 노래를 부른다. 파브로 감독이 여러 시사회 인터뷰를 통해 말했듯이 모글리와 어울림의 조화를 연출하는 동물의 재현은 가상과 현실의 밀접한 조화를 형성하는 역할을 담당한다. 모글리는 영화 중간에 늑대의 무리에 함께 할 수 없다는 사실을 받아들이면서 고통스러워하는 순간도 있고 인간이기에 가질 수 없는 늑대의 본능을 부러워하는 모습을 보이면서 인간과 동물의 경계에서 번뇌하는 모습도 보인다.

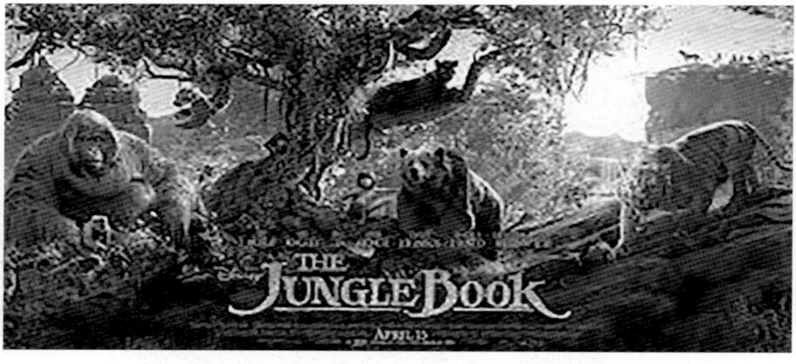

[사진 6] 최초의 동물 실사 영화 <정글북> 포스터(디즈니 제공)

정글에서 겪는 갈등과 고뇌는 모글리가 정글 사회를 스스로 생존해나가는 동력으로 작용한다. 때로는 바기라(Bagheera)에게 혹독히 훈련을 받다가 상처를 입는 모글리의 모습은 정글에서 홀로 생존해나가는 외로운 아웃사이더의 모습으로 연출된다. 흑표범 바기라는 부모를 잃고 고아가 된 모글리를 최초로 발견하여 그를 늑대 무리로 데려가는 동물 캐릭터로서 모글리의 후견인 역할을 하면서 그를 가장 아끼고 사랑하는 친구이자 멘토로서 등장한다. 한가지 특이한 점은 <정글북>과 <모글리>에서 발루의 캐릭터 연출이 각각 다르다는 점인데 <정글북>의 발루는 모글리가 방황할 때 모글리와 동반하는 친구로서 마치 곰돌이 푸(Pooh)처럼 꿀을 좋아하고 장난을 좋아하는 캐릭터이지만 <모글리>에 등장하는 발루는 늑대 무리에서 어린 늑대들을 맹수로 훈련시키고 모글리에게도 엄격한 정글의 규율을 가르친다. 한편 비단뱀 카아(Kaa)는 영화에서 어미 늑대를 제외하고는 유일한 여성 캐릭터인데 원작 소설에서는 수컷으로 등장했다. 파브로 감독은 처음으로 카아를 여성 캐릭터로 표현해내는 모험을 감행하면서 카아의 페르소나는 새로운 국면으로 연출된다. 예를 들어 <정글북>에서 카아는 모글리에게 최면을 걸어 그를 잡아먹으려고 하는 위험 요소로 등장하지만 <모글리>에서는 예언자로서 모글리를 위험으로부터 지켜준다. 이처럼 <모글리>와 <정글북>은 캐릭터 연출에서 시대의 흐름에 따른 상당한 차이점을 둔다.

<모글리>의 스크립트를 작성한 클롭스(Callie Kloves)는 원작 소설가인 키플링의 『정글북』과는 다른 배경을 선택한다. 우선 <모글리>는 20세기 초 인도를 배경으로 하며 정글과 인간이 사는 마을 모두에 불안한 요소들을 투입한다. 영화의 전반부는 모글리가

정글에서 방황하는 모습에 주안점을 두는 반면에 후반부에는 모글리가 사람들이 사는 마을에 합류하는 부분에 좀 더 집중한다. 이러한 갈등과 고뇌는 인간만이 지닌 이중적 특성이라고 할 수 있을 것이기에 <모글리>는 <정글북> 보다 인간 중심의 세계관을 연출하는 것에 주안점을 두는 것이다. 이러한 점들을 종합해보면 <정글북>의 상영 이후 공개된 <모글리>는 원작의 재현보다는 실사 영화를 통한 현 시점에서 바라보는 새로운 시각의 <모글리>를 연출하려고 한 의도로 해석해볼 수 있다.

<모글리>를 연출한 서키스(Andy Serkis)는 <반지의 제왕, 2001-2003>(*The Lord of the Rings*) 시리즈, <호빗, 2012-2014>(*Hobbit*) 시리즈에서 골룸(Gollum) 역할을 했고 <혹성탈출, 2001-2014>(*Planet of the Apes*) 시리즈에서 시저(Caesar) 역을 수행했기 때문에 이모션 캡처 기술에 전문화된 배우이다. 그의 경험이 축적된 <모글리>는 그 덕분에 CG보다 모션 캡처 기술이 더욱 강조되어 연출되었다. 또한 <정글북>의 모글리보다 <모글리>의 모글리는 인간과 늑대 사이의 이중적 정체성 때문에 불안정한 내면을 표현하며 그와 호흡하는 동물들도 복잡한 감정을 가진 캐릭터로 연출된다. 따라서 <모글리>는 동물들의 모습을 실제와 가깝게 구현하기보다 인간의 표정이나 행동을 동물에 투사해서 표현하는 특성을 띤다. 그러한 연출로 인해 <모글리>에는 <정글북>과 달리 뮤지컬 장면과 노래 장면이 없으며 모글리의 고뇌는 점차 심화된 양상으로 표현된다.

<모글리>나 <정글북> 외에도 원시 자연의 모습을 표현한 고

전 영화로 손꼽을 수 있는 작품은 <라스트 모히칸>(*The Last of the Mohicans*, 1992)을 들 수 있다. 이 작품은 북아메리칸 인디언들의 생태관을 보여주면서 18세기 중반 프랑스와 영국이 미대륙의 식민지 개척 시대에서 세력 다툼을 하던 역사에서 인디언들이 보여준 생태 의식과 자연을 대하는 자세를 주인공 호크아이(Hawkeye)와 인디언 부족들의 생활을 통해 보여준다. 할리우드 영화가 다루는 주요 내러티브와는 달리 인디언들이 주인공으로 등장하여 자연과 합일을 이루는 생태관, 살아있는 모든 생명체를 존중하는 사상은 자연을 적자생존의 법칙이 지배되는 곳이 아니라 함께 순환하면서 '**공존**'하는 유기체들의 집합처럼 바라보게 한다. <라스트 모히칸>은 18세기 중반 영-프 전쟁에서 인디언들이 보여준 생태 의식과 자연을 대하는 자세를 통해 자연과 소통하고 연대하는 생태 인문학의 의미를 보여준다. 1980년대 이후 환경오염의 문제가 전 세계적으로 대두되고 다문화주의가 미국 사회에서 새로운 쟁점으로 부각된 이후 인디언에 대한 연구가 활발히 진행된 점도 인디언의 생태관이 코스모폴리탄 인류에게 필요한 생태관으로 재평가되었기 때문이다. <라스트 모히칸>을 통해 인디언들이 모든 생명체들과 정신적 교감을 통해 형성해가고 모든 만물을 평등하게 존중하는 생태주의는 현 시점에서도 필요한 '공존과 상생'의 바이오 생태 인문학이라고 할 수 있다.

<라스트 모히칸>에는 아메리칸 인디언들의 생태관이 대사 곳곳에 드러나 있다. 영화 속에서 인디언들은 세상의 모든 유기물

을 "피플"(people)이라고 명명하면서 모든 생명체를 동등하게 바라보면서 이 세상 모든 유기체들을 향한 평등주의 사상을 보여준다. <아바타> 개봉 이후로 모든 생명체를 하나의 우주로서 바라보는 북아메리칸 인디어의 세계관이 재조명되면서 <라스트 모히칸>의 다시 읽기 작업이 유행하고 있다. <라스트 모히칸>은 쿠퍼(James Cooper)의 5부작 소설 가운데 하나인 『가죽 스타킹 이야기』(*Leather-stocking Tales*, 1789-1851)를 영화화한 작품이다. 쿠퍼는 백인이지만 북아메리칸 인디언들을 "고귀한 야만인"(nobel savage)이라고 칭하면서 인디언들의 겸허한 기상을 존중하였다. 『가죽 스타킹 이야기』 가운데 2부에 해당하는 『모히칸 족의 최후』(*The Last of The Mohicans*)를 영화화한 <라스트 모히칸>에서 인디언들은 생명 존중 사상에 근간을 둔 물활론적 생태관을 보인다. 미국 식민지 개척 시절에 이루어진 인디언 대학살 정책과 영-프 전쟁의 결과 인디언은 거의 전멸되다시피 미대륙에서 사라졌고 그들의 흔적은 역사에서 점점 사라졌지만 이들의 생태 의식은 생태 문제가 중요해진 현 시점에서 점점 더 연구의 필요성이 부각되고 있다. 백인이지만 인디언 부족에서 성장한 주인공 호크아이와 모히칸 인디언 부족장인 칭가치국(Chingachgook), 그리고 칭가치국의 아들인 웅카스(Uncas)는 백인과 인디언이 이루는 새로운 혼성 가족의 형태를 보여준다.

<라스트 모히칸>은 1992년에 개봉되어 백인이 주인공이 아님에도 불구하고 아카데미 음악상을 수상하였고 흥행에도 성공하면

서 미국 영화사에 주요한 작품으로 한 획을 장식하였다. 스미스는 (Lindsey C. Smith) 인디언의 생태관에 대해 "원주민들의 인간애"(the humanity of Natives, 529)라는 표현을 통해 함축적으로 표현한다. 인디언의 자연관은 자연과 하나가 되는 과정을 드러나는데 예를 들어 보호색을 지닌 동물의 모피 등을 그들의 몸에 덮는 행위, 동물처럼 변장하는 행위 등이 그 예이다. 그들은 생계유지를 위한 사냥도 했지만 동물도 자연이라는 가족의 한 식구로 존중하는 경향을 보였다. 김욱동이 "인디언들에게 자연은 지배하거나 정복해야 할 대상이 아니라 함께 살아가야 할 동반자였다"(186)고 말하듯이 인디언들은 사냥을 끝낸 후 죽은 동물들에게도 그들의 식량이 되어 준 것에 대한 기도를 하면서 동물의 영혼을 달래곤 했다.

인디언들은 인디언 대학살이라는 참상을 통해 미 대륙에서 점점 사라졌지만 "생태적 인디언"으로 불리는 인디언들의 생태관은 지금의 환경 파괴 시대에서 재해석해 볼 가치가 있다. 체로키(Cherokee) 부족의 추장이 남긴 "지구는 살아있는 하나의 생명체"라는 명언처럼 <라스트 모히칸>이 보여주는 생태관은 인종과 젠더, 국경의 경계를 지우고 모두가 하나의 생명체라는 동등한 세계관 아래에서 모든 생명체들을 평등하게 바라보게 한다. 원작 소설을 영화화한 <정글북>과 <모글리>도 <라스트 모히칸>의 세계관을 반영한 흔적이 있다는 점에서 실사판으로 구현된 정글 이야기를 원작과 비교해서 다시 분석해볼 필요성이 있다.

고귀한 야만인에 대한 관심은 이처럼 고전의 재발견이나 리메이크로 이어지고 있으며 과학 기술 발전에 대한 우려의 심리는 이들 고전 캐릭터가 보여주는 진정성과 자연과 생명 존중 사상에 대한 탐구를 통해 간접적으로 표출된다. 연이은 <타잔>(*Tarzan*) 시리즈의 제작도 이러한 심리를 반영하는 지표이다. 키플링의 원작 소설인 『정글북』의 기획 의도가 모글리와 동물의 시선에서 바라본 인간 세상의 이기심과 무모한 동물 학대에 있었다는 점을 떠올려본다면 환경 윤리와 생명 존중을 담아내고자 하는 예술의 욕망은 동서고금을 막론하고 이어지고 있음을 추론해볼 수 있다.

2-2. 하이브리드 프로덕션 연출의 확장된 시공간

<모글리>는 하이브리드 프로덕션(Hybrid Production)을 사용하여 동물과 모글리의 동적인 움직임을 극대화하였고 풀 라이브 LED 월(Full Live LED War in Camera)을 사용하여 정글의 원근감과 광활함을 실사 영화로서 표현해내었다. 한편 동물들의 선량한 마음은 자연을 함부로 착취하는 인간의 이기심이나 위선과 대조를 이룬다. 밀렵을 하면서 동물을 박제하거나 동물을 서커스 등에 사용하기 위해 포획하고 무자비하게 사냥하는 인간은 추악하게, 정글에 사는 동물들은 피해자의 양상으로 전개하는 영화의 구도는 모글리가 동물들과 함께 인간 세계에 저항하는 필연적인 동기를 제공한다.

대부분의 영웅 서사는 영웅이 모험을 겪고 결국 목표 달성 후에는 고향이나 조국으로 돌아온다는 구도로서 설명되는데, 이것

은 캠벨(Joseph Capmbell)이 원질 신화(monomyth)를 통해서 설명했던 바이다. 그러나 모글리나 <아바타>의 제이크(Jake)는 인간 세계로 귀환하지 않고 정글과 판도라 섬에 남는 선택을 한다. 영웅 서사의 구도에서도 벗어난 그들의 태고적 사회로의 회귀는 인류 공영의 원시 사회로의 회귀에 대한 갈망을 상징적으로 대변해주는 역할을 한다.

> The animals that live within are truly animals, capable of great ferocity, threat, rage, and hate, but still somehow love and compassion through the turmoil and ruthlessness of nature. There is an almost admirable quality of honor in this untamed world. (Richmond 23)

> 정글 안에 사는 동물들은 진정한 동물이며, 엄청난 사나움, 위협, 분노, 증오를 할 수 있지만 여전히 자연의 혼란과 무자비함을 통해 어떻게든 사랑과 연민을 가지고 있다. 이 길들여지지 않은 세상에는 거의 감탄할 만한 명예의 품격이 있다.

<모글리>는 하이브리드 액션 기법을 사용하여 동물의 얼굴을 표현함에 있어 의인화 기법을 더욱 탁월하게 표현해냈다. 배우의 움직임이 동물의 움직임에 반영되는 기법 덕분에 좀 더 세밀

한 동작과 감정의 표현이 가능하였다. <타잔> 시리즈의 경우에도 1918년에 제작된 <타잔>과 1932년에 제작된 <타잔>은 타잔과 제인(Jane)의 러브 라인에 집중하였으나 그 이후 극장 버전의 95편의 영화들은 정교한 CG를 통한 정글에서의 역동적 장면들을 연출해내는 과정에 점차 주목하게 되었다.

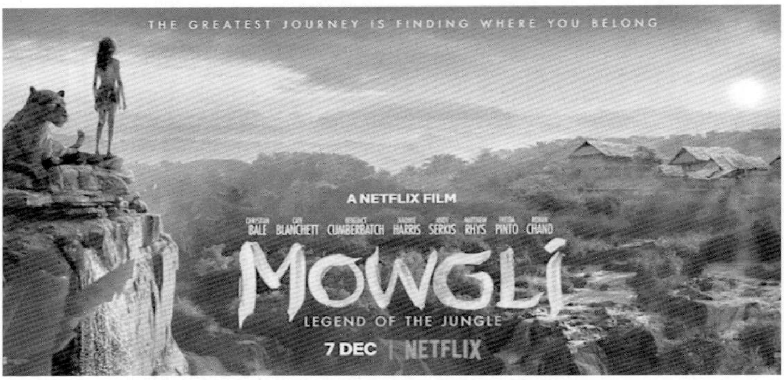

[사진 7] <모글리> 포스터(넷플릭스 제공)

영국 출신의 스타 배우들을 캐스팅하되 힌두-영국 배경이 반영된 고전의 특색도 <모글리>의 특징이다. 모글리 역할을 연기한 배우인 챈드(Rohan Chand)[3]의 연기는 훨씬 더 동물에 가까운 에너지를 담아내었는데, 그 이유는 모글리가 늑대 무리를 통해 길러졌다는 원전을 좀 더 진정성 있게 연출하기 위함이었다. 이러한 모글리의 성장을 지켜보는 관객들도 자연스럽게 모글리가 정글에

3 인도 혈통의 뉴욕 출신 배우.

서 성장하면서 겪는 변화에 주목하게 된다.

<모글리> 외에도 <레이디와 트램프>(*Lady and the Tramp*, 2018)의 실사 영화 뿐만이 아니라 성인들에게 일상의 모험심을 키워주는 <제프 골드블럼의 호기심 세계 시즌 1-2>(*The World According to Jeff Goldblum Seaon 1-2*, 2019-2021), <만달로리안 시즌 1-3>(*The Mandalorian*, 2019-2023) 등 디즈니+에서 방영 중인 드라마들도 같은 맥락에서 시청해볼 수 있다. <만달로리안 시즌 1-3>은 루카스(George Lucas)의 <스타워즈>의 세계관을 토대로 제작한 작품이다. 시간적 배경은 <제다이의 귀환>(*Star Wars Episode VI: Return of the Jedi*, 1983)으로부터 5년 후, <스타워즈: 깨어난 포스>(*Star Wars: The Force Awakens*, 2015)로부터 25년 전의 이야기를 다룬다.

디즈니가 보유한 또 다른 서비스인 훌루(Hulu)도 <하녀 이야기 시즌 1-6>(*The Handmaid's Tale Season 1-6*, 2017-2023)을 인기리에 방영중이다. 1985년 애트우드(Margaret Atwood)의 동명 소설을 드라마로 제작한 <하녀 이야기>는 일반 문학과 SF 소설의 경계를 넘나드는 작품으로 분류되면서 특유의 상상력에 기반한 스토리텔링과 드라마로 연출된 판타지적 특색이 강조된 드라마로 인기리에 방영되고 있다. 특히 코로나 시기 동안 사람들의 외부 활동 자제로 킬링 타임을 위한 영화나 드라마를 찾는 소비층의 증가로 인해 OTT 접속률이 증가하면서 넷플릭스의 경쟁사인 디즈니는 더욱 다양한 콘텐츠를 고안해내게 되었다. "코로나 이후 OTT 검색의 상위 키워드는 집콕, 방콕, 칩거, 시간 순삭, 시간 때우기 등으로

분석되었다. 사람들의 회피 거부 심리를 통하여 OTT는 소비자들의 관심을 유인하고 사회적 고립에서 오는 스트레스 상황을 채널로 유인하고자 정서 중심의 대처 전략을 활용하게 되었다"(고민정·이상원 380).

그 외에도 디즈니는 과거 대작 애니메이션 캐릭터들이 등장하는 숏 폼(Short Form) 콘텐츠를 디즈니 채널을 통해서 공개 중이다. 10대를 겨냥한 <라푼젤의 뒤얽힌 모험 시즌 1-3>(*Rapunzel's Tangled Adventure Season 1-3*, 2017-2020)의 인기와 더불어 디즈니는 "Oh My Disney"라는 유튜브 채널을 통해서 엔터테인먼트가 가미된 각종 숏폼 영상들을 게재하면서 시청자 친화적인 소통을 하면서 저변을 확대하는 중이다.

<라푼젤>은 주지하듯이 2010년 월트 디즈니 애니메이션 스튜디오(Walt Disney Animation Studio)에서 제작하고 월트 디즈니 픽처스(Walt Disney Pictures)가 배급한 3D 애니메이션 뮤지컬 판타지 코미디 영화이다. 영화의 흥행 이후 TV 시리즈에서도 제작될 만큼 인기를 얻은 <라푼젤>의 새로운 OTT 제작은 원작을 리메이크하는 노스탤지어 감성을 공략하면서 10대 청소년들의 우울한 감정이나 스트레스를 줄여주고 일상의 중요성을 각인시켜왔다. 지난 시간에 대한 향수나 과거를 떠올리게 하는 노스탤지어 콘텐츠는 앞으로도 지속적인 인기를 끌 것으로 예측된다.

"테크노-팝콘"의 결정체로 불리는 애니메이션과 CG에 기반한 실사 영화의 대부분은 과학 기술 혹은 신화와 과학이 뒤섞

인 테크노 애니미즘(Techno-animism)과 포스트 휴머니즘에 입각한 상상력의 세계로 가득하다. 시대를 초월한 감동과 "엑소더스"(exodus)의 사례는 이미 역사적으로 기억되는 영화 죠스(*Jaws*, 1975), *E.T.*, 그리고 <쥬라기 공원>(*The Jurassic Park*, 1991) 등을 통해서 이미 전 세계인들의 뇌리에 남아있다. 멀티미디어 언어의 사용과 스크린 속으로의 몰입을 극대화하는 연출력을 통해 21세기 영화의 미학을 집대성하는 실사 영화는 현실과 상상의 세계를 오고가기에 언제나 새로운 소재와 연출을 통해 관객의 흥분을 자아낸다. 2000년대 이후 제작된 실사 영화들이 다룬 지향점은 인류 공영의 미래에 대한 판타지를 자극하면서도 전 세계인들이 꿈꾸는 휴머니즘으로의 봉합을 언제나 잊지 않는다는 점에 있다. 또한 관객의 몸과 마음에 자극을 주고 일상에 변화와 잔잔한 감동을 일으키면서 인류의 영원한 꿈을 스크린에 담아내고 있다.

3. K-생존 드라마와 Gamification : <오징어 게임> 시리즈

3-1. K-에크프라시스(Ekphrasis) 현상

한국에서 제작하는 OTT 영화들의 대부분은 매우 사실적이고 현실 반영적인 경향을 띤다. 소위 K-컬쳐라는 로컬리티는 한국 사회에 만연한 물질만능주의와 결과중심주의 등을 솔직하게 드러낸다. <수리남, 2022>과 <더 글로리, 2022>와 같은 작품도 한국 사회의 일면을 아주 세밀하게 잘 묘사해냈다. 그러나 이들 작품들의 지향성은 치열한 경쟁과 갈등 끝에 대면한 문제를 종결하고 문제점을 반성하는 결말로 이어지기 때문에 일종의 한국적인 에크프라시스, 즉 K-에크프라시스 현상을 형성한다. 특히 소위 과거에는 B급 영화라고 불리던 데스 게임(death game) 장르의 영화가 전 세계적인 호응을 받는 점은 생소하게 다가오지만 그 데스 게임 속에 내재된 사회의 불평등이나 불공정 같은 키워드는 한국만의 문제만이 아니라 북미 혹은 서유럽에서도 공감을 얻는 보편적인 소재이기에 글로벌 공감대를 자아낸다.

2021년 10월 <오징어 게임> 시즌 1은 서비스 공개 후 17일 만에 공식적으로 전 세계 83개 국에서 가장 많은 시청률을 동원하였고 시청자 숫자는 1억 4천만 명이 넘었다. <오징어 게임> 시즌 1은 200억 원의 제작비로 시가 총액을 12조 원으로 반등시킨 넷플릭스 콘텐츠로서 역사의 한 페이지를 장식했다. 한류 열풍으로 소개되면서 "오빠"와 같은 한국어가 옥스퍼드 사전에 등록되기도 했고 <오징어 게임> 시리즈만으로 넷플릭스가 얻은 수익은 약 1조원이 넘으며 440만 명이 넷플릭스에 가입한 결과를 초래하였다. <오징어 게임> 시리즈 서사의 대부분은 닫힌 공간에서 오로지 게임의 단계에 편집증적인 집착을 보이며 목숨을 담보로 해서라도 목표 상금을 수령하기 위해 자발적으로 생존 게임에 참가하는 등장인물들에 주목한다.

<오징어 게임> 시리즈 1은 한국의 80-90년대 어린이들이 즐겼던 한국 고유의 놀이들을 차용하면서 자연스럽게 한국 사회에 만연한 뿌리 깊은 물질만능주의의 민낯을 여실히 보여주는 수사법을 택했다. 황동혁 감독이 "단순한 어린 시절 게임으로 인간의 내면을 자연스럽게 드러내는 작업에 집중했다"고 여러 인터뷰에서 이야기했던 제작 동기는 동심을 자극하는 놀이를 통해 성인들이 지닌 심연의 이기심을 드러내기에 효과적이었다. 매 단계의 게임을 거치면서 참가자들이 목숨을 잃는 모습은 서바이벌 게임의 예정된 결과이지만 잔혹 동화를 연상시키고, 무대 미술에 있어서도 핑크, 녹색, 하늘색, 민트색 등 동화적인 색채가 사용되지만 잔인함과 폭력이 스며있다. 마치 동화인 듯한 착각 속에서 전개되는 드라마의 플롯은 이러한 착각이 잘못되었음을 자연스럽게 각인시켜 주는 역할을 한다.

자본주의는 점차적으로 사회적 불평등과 범죄를 야기하였고 한국의 경우에는 <기생충>이 보여주었듯이 '반 지하' 주거 환경을 통해 경제적 불균형의 극단적인 부분을 보여주었다. <오징어 게임> 시즌 1의 경우에도 영끌족, 비정규직 노동자, 노숙자의 등장을 통하여 생존에 급급한 인물들이 벌이는 데스 게임의 극단적인 상황을 연출하였다. 데스 게임 장르나 생존 드라마 유형의 영화나 드라마들은 주인공이 위기를 모면하고 맞이하는 해피엔딩의 결말을 취하고 보편적으로 관객의 바람도 주인공이 해피엔딩을 맞이하는 것이 대부분이지만 <오징어 게임>의 등장인물들은

서로를 경쟁자로 보고 있어서 누군가는 반드시 죽어야 한다는 것을 당연시 여긴다. 안승범은 "과잉 활동의 피로가 고착되면서 사람들은 치열한 경쟁을 통한 배제와 낙오의 시스템을 인정하는 삶을 살아가게 된다"(15)고 설명하면서 <오징어 게임>에 나타난 자발적 게임 중독 현상을 해석한다. 참가자들에게는 제약된 시간과 공간만이 허락되며 게임의 주최자들은 전지적으로 이들의 게임을 관망하는 잔인함을 보인다. 표면적으로는 공정한 게임의 규칙을 강조하지만 수단과 방법을 가리지 않고 남보다 더 앞서서 목적지에 도착하고자 하는 게임 참가자들의 모습은 규칙이 지닌 역설적 모순성을 드러낸다. 게임의 조작자나 주최자의 개입 없이 참가자들이 스스로 자신의 욕망에 이끌려 매 경기마다 주변 이웃을 부정하는 모습은 한국 사회에 만연한 빈익빈 부익부, 가난한 사람은 사회의 낙오자라는 주홍글씨에서 기인한다. 기훈이 "인간은 자기에게 이익이 되지 않더라도 다른 인간을 돕는다"라고 말한 대사는 <오징어 게임> 시즌 1 가운데 유일하게 찾을 수 있는 인간애가 드러나는 부분이다. 이러한 고뇌에 찬 양심 어린 고백은 차갑고 냉정한 경쟁의 구도에서 카타르시스를 형성한다.

이에 반해 참가자들의 일상을 들여다보는 관찰자로서 호스트와 VIP들은 수백억을 투자하여 이러한 데스 게임을 만들고 게임의 관찰자가 된다. 그들 삶의 리비도는 오로지 잔혹한 데스 게임을 관찰하고 패배자의 죽음을 목격하는 것에 있다. 가학적인 삶을 즐기는 이들의 모습은 자본주의 사회의 그늘인 가난의 슬픔을 더욱 극대화하고 게임에 참가한 평범한 소시민들을 동정하게 만든다. 결국 치열한 경쟁 후에 456억을 수령한 기훈은 수많은 사람들의 희생 끝에 얻은 결과에 결코 행복감을 느낄 수 없다. 기훈의 후회와 함께 <오징어 게임> 시즌을 시청한 전 세계인들도 새드 엔딩에 내적 울림을 느낄 수밖에 없었는데 그 이유는 기훈과 더불어 세계인들이 목격한 것은 화려한 자본주의에 감추어진 허상과 환영과 이로부터 자각하게 된 허망함이었다. 모든 것이 화려하게 보이는 물질만능주의는 이처럼 세상 외곽에 존재하는 드러나지 않는 부조리와 가난 등도 공정과 합리적 질서라는 포장 속에 봉합해 버린다. 또한 결코 물리적인 힘으로 도달할 수 없는 456억의 상금 취득을 목격한 시청자들은 세상이 과연 <오징어 게임>에서 등장하는 동그라미, 세모, 네모의 기호처럼 단순화될 수 있을지에 대한 의문을 가져보게 된다.

[사진 8] <오징어 게임> 시즌 1 포스터(넷플릭스 제공)

3-2. <오징어 게임>과 K-콘텐츠

포스트 코로나 이후 비대면 방식의 사용자 중심 원 터치(one touch) 혹은 온 디멘드(on-demand) 콘텐츠 제공 형태를 지닌 디지털 플랫폼의 이용 증가와 더불어 K-컬쳐의 인기가 한국문화학(Korean Cultural Studies)이라는 학문적 수요까지 발생시켰다. K-컬쳐는 해외에서도 일상의 파급효과를 일으키고 있는데 <오징어 게임>을 시청 후 과거 한국 어린이들의 간식이었던 달고나를 먹고 구슬치기 놀이를 하는 외국인 시청자들의 모습은 SNS를 통해 쉽게 찾아볼 수 있다. <오징어 게임> 이후 더욱 콘텐츠가 확실해진 한국 제작 OTT는 독자적 IP를 통해 넷플릭스의 저작권 범주를 벗어나 리메이크 등 자체 사업 확장을 시도 중이다. 이러한 기획 의도의 연장선상에서 제작된 <중증외상센터, 2025>의 경우에도 중증 외상팀에서 벌어지는 심폐 소생술 관련 이벤트의 특수한 기획으로 큰 주목을 받으면서 K-메디컬 기술까지 동반 소개하는 효과를 창출했다. NBC 또한 K-팝과 영화/드라마가 세계 정상에 이르렀다는 보도를 한 바 있으며 K-컬쳐를 향유하는 층이 두터운 베트남에서도 K-영화는 코로나 시기에도 높은 영화 예매율을 유지하였다.

글로벌 OTT 플랫폼은 일찍이 K-컬쳐가 구축한 높은 수준의 창의성과 참신한 미디어 기획, 작품 제작 기술의 탁월성 등을 인지하고 콘텐츠 인프라가 풍부한 한국형 OTT 기획에 투자하였다. 이러한 확산을 통해 문화적 성숙기를 맞이하고 있는 K-콘텐츠는 글로벌 감성을 자극하고 새로운 글로벌 문화를 형성해가는 주인공이 되었다. 하드웨어가 아닌 사용자 중심으로 진화하는 21세기의 문화 환경 속에서 개성이 각각 다른 사용자의 관심을 사로잡는 소프트웨어 콘텐츠로서의 K-콘텐츠는 한국의 최첨단 IT 기술과 높은 모바일 통신의 보급률과 더불어 더욱 그 문화적 파급력을 세계 곳곳에 파급하고 있다.

일찍이 해외 시장에서 한류의 힘을 보여준 CJ 그룹의 경영철학은 한국의 IP를 단순 유통, 리메이크하는 것이 아니라 현지의 원천 IP를 통해 현지화 콘텐츠를 제작하면서 국가 간 네트워킹을 통해 가상현실과 메타버스 콘텐츠 세계관까지 구축하면서 전 세계 시장을 석권하는 것이었다. CJ 그룹의 열망은 어느 정도 현실화되어 K-컬쳐와 더불어 CJ 미디어 또한 급속 성장을 이루었다. 이것은 글로컬 콘텐츠의 글로벌 콘텐츠로의 전이와 공감 문화 형성 과정이 이룬 성공이며 K-소프트웨어 요소들을 현지에 적용하고 현지에서 융합하게 된 K-콘텐츠가 진화해온 덕분이다. 바야흐로 K-콘텐츠는 이제 아시아뿐만 아니라 전 세계의 주목을 받으면서 "한류"(hallyu)를 비롯한 20개 이상의 한국어 어휘가 옥스퍼드 영어 사전에 정식 등록된 만큼 해외 수요자들의 기호를 충족하였다. 세계 문화 교류에서 경계가 없는 글로벌리티(globality)를 형성하는 과정에 일조한 K-콘텐츠는 인종과 국가를 너머 합리성, 사회 정의 추구, 차이를 인정하는 다양성 존중, 포스트 코로나 이후 형성된 개방형 긍정주의, 문화와 지식에 대한 수용과 재생산 의식 성장과 같은 사회 변화 기류와 함께 '함께 즐기고 공유하는' 세계인들의 대중문화와 공감의 아이콘으로 자리매김하고 있다. 이러한 현상은 과거 아시아 시장을 달구었던 한류와는 다른 양상이며 정부도 K-콘텐츠의 점진적 확산과 글로벌 팬덤의 증가에 발맞추어 "新 한류"(K-컬쳐)-디지털 글로벌 한류 콘텐츠-라는 새로운 이름을 명명하였다. 새로운 글로벌 현상으로 자리매김하게 된 K-콘텐츠는 디지털 플랫폼의 성장과 전 세계 MZ 세대들의 SNS 활용의 급증과 더불어 공감 문화를 통해 더욱 성장하고 있다.

이 과정에서 K-콘텐츠는 과거 한국이 지녔던 분단국가, 6.25 전쟁 등과 결부된 부정적 국가 이미지를 상쇄시키면서 국가 브랜드 제고에 상당히 기여했다. 한국어와 한국 음악, 한국 역사를 배우는 수요와 한국에서 학위를 취득하는 유학 붐 현상까지 전 세계적으로 증가하는 추세이다. "문화 구성체는 문화 실천을 통해 형성된 구조와 그곳에서 발생하는 문화적 효과를 포함한다. 현재의 K-콘텐츠 팬덤은 능동적으로 문화를 수용하고 적극적인 소비 행동주의를 통해 문화적 생산의 토대를 만들어내면서 대안적 사회 공동체를 지향해간다"(이혜진 111). 통상적인 문화의 확산 과정 단계에서 볼 때 K-컬쳐는 이미 글로벌 시장에서 인지도를 쌓으면서 다른 형태의 산업으로까지 확장되는 단계에 놓여있다. 글로벌 시장에서 바라보는 K-컬쳐는 수요 증가와 동시에 최첨단 IT 기술과 5G 이동통신 보급률을 기반으로 경쟁력을 확보하고 있는 매력적인 콘텐츠로 여겨진다.

3-3. 디지털 벨 에포크 시대와 K-콘텐츠

2023년 한국무역협회 보도에 따르면 K-컬쳐 관련 매출액은 약 154조 4천억 원으로 집계되었다. "K-콘텐츠의 범위에 대해 문체부 및 한국국제문화교류진흥원은 방송, 영화, 음악, 공연, 게임, 스포츠, 만화·웹툰, 출판, 뷰티, 패션, 음식, 관광을 주요 K-콘텐츠의 범주로 간주하여 해마다 성과를 발표하고 있다"(김현정 124). 2020년 관계부처 합동 新 한류 진흥정책 추진 계획은 한국 콘텐츠 산업 성장과 더불어 비약적으로 성장한 K-콘텐츠가 나아가야 할 방향에 대해 점검하면서 대중문화에 편중된 K-콘텐츠 외에도 다변화된 콘텐츠 발굴의 필요함을 강조하였다. 그 성과로 인해 BTS는 글로벌 팬들로 인해 2023년 누적 경제 효과 약 41조원의 경제 가치를 창출하였으며, 영화의 경우 <기생충>을 비롯하여 <헤어질 결심, 2022>, <브로커, 2022>의 국제 영화제 수상과 <오징어 게임> 시즌 1의 에미상 6관왕 수상, <이상한 변호사 우영우>의 넷플릭스 비영어권 드라마 부문 7주 연속 시청 시간 1위 기록 달성 등을 통해 작품성과 흥행성을 더불어 갖춘 K-콘텐츠의 힘을 증명하였다. 비영어권 작품인 K-영화와 드라마는 190개 국가에서 OTT 플랫폼을 통해 스트리밍 되면서 탄탄한 기술력과 편집, 흥미로운 소재 등으로 인기를 끌었다.

<오징어 게임> 시리즈는 관람 후 일상에서 유사한 경험을 패러디하면서 즐기는 한국 물품 쇼핑 현상으로 이어졌고 해외 MZ 세대들이 한복을 입거나 한국의 전통 놀이를 즐기는 모습들이 인

스타그램 등을 통해 공유되는 양상을 보여주었다. 이처럼 세계인들에게 놀이와 유희의 장이 되고 있는 K-콘텐츠는 세계인들의 행복 유발 감성의 하나로 자리하고 있다. OTT 플랫폼이나 유튜브와 같은 스트리밍 미디어가 문화 콘텐츠 산업의 핵심으로서 포스트 미디어 시대의 필수 조건이자 글로벌 문화 콘텐츠 성장에 기여하고 있기 때문이다. 이점에 대해 핸슨은 "사이버 공간이라는 가상 공간이 현실과 지속적으로 상호작용하는 혼합 현실로 정의되고 디지털 공간은 기술과의 융합 속에서 생성되는 실재"(25)라고 설명한다.

<오징어 게임> 시리즈의 자체 미디어 외에도 뷰티 아이템, 글로벌 GS-25매장 등을 필두로 대중적인 한국 음식이 즉석요리와 반조리 식품 등을 통해 해외로 인기를 얻으면서 전파되면서 한국 음식 열풍, 한국형 웰빙 등의 성장에도 기여하였다. 한국형 OTT 콘텐츠는 이처럼 미디어의 제한된 범위를 너머 다른 장르나 분야로 확장하면서 디지털 벨 에포크(Belle Époque) 시대를 열어가는 중이다. 이와 같은 K-콘텐츠의 흥행 원인은 "한국과 세계, 일상과 예술, 전통과 현대 사이의 경계 사이의 정교한 구성을 통해 K-콘텐츠를 알리고 누구나 선호하는 글로벌 감성의 요소들을 가미하여 완성체를 이끌어낸 덕분이다"(김윤지 116). 가장 최근에 이루어진 K-콘텐츠에 관한 연구는 "마이닝(mining) 분석을 통한 한류에 관한 연구"(이수상 53)가 있으나 분야가 한정적이라 보다 넓은 범위에서 K-콘텐츠의 미(美)를 발견해볼 필요성이 있다. 또한 우리

나라뿐만 아니라 세계인들의 관심을 사로잡은 K-콘텐츠의 이유에 대한 구체적 사례 중심의 후속 연구도 K-콘텐츠만의 독창적 아름다움과 흥미를 재발견할 수 있는 결과를 도출할 것이다.

3-4. '벡델 테스트'(Bechdel Test)를 넘는 한국 영화의 새로운 시도

대부분 영웅 내러티브의 중심은 남성에게 있었다. 그러나 디즈니 애니메이션 <겨울 왕국>(*Frozen*, 2014, 2019) 시리즈의 주인공인 안나(Anna)와 엘사(Elsa) 자매의 등장은 세계적인 흥행을 초래하면서 남성 주인공이 중심을 이루던 기존의 서사에 균열을 냈다. 두 명 이상의 여주인공이 등장하여 이들이 지속적으로 대화를 나누고, 남녀의 로맨스가 아닌 다른 내용이 있어야만 양성 평등을 담은 영화라고 간주되는 '벡델 테스트'(Bechdel Test)의 검열을 통과한 <겨울 왕국>의 흥행은 남성이 중심이 되던 과거 영화의 내러티브에서 벗어난 애니메이션 영화를 통한 새로운 시도였다.

2023년 류승완 감독에 의해 제작된 <밀수>의 경우에는 가상의 해상 도시인 군천에서 발생한 밀수 사건들로 발생하는 에피소드를 중심으로 영화가 전개된다. 해녀들의 이야기가 중심을 이루는 영화는 비리를 저지르는 세관 계장과 해녀를 이용해서 수익을 추구하는 장도리가 악의 축으로 묘사된다. 세관과 장도리는 사회악을 저지르는 악의 축이고 해녀들은 이들의 비리를 파헤치고 이들을 처단하는 역할을 담당한다. 대부분 영화 흥행의 가장 큰 요소로서 작용하는 로맨스와 살인, 마약 등이 전면화되지 않고 최근

K-시네마의 핵심적 역할을 담당해왔던 빈익빈부익부나 계층 간 갈등의 문제도 다루지 않은 <밀수>가 2023년 새로운 흥행의 바람을 몰고 오게 된 원인은 무엇일까?

바다에서 전복을 캐고 시장에서 전복을 파는 해녀 업을 통해 군천에 거주하던 해녀들은 마을에 화학 공장이 들어서면서 채집할 전복이 사라지면서 생계를 고민하다가 쉽게 돈을 벌 수 있는 밀수업에 발을 딛게 된다. "물길을 아는 자가 돈 길의 주인"이라고 말하던 해녀들의 자부심은 돈을 벌기 위해 부정을 자행하는 일로 전환되면서 떳떳했던 그들의 자부심도 얼룩진다. 그러나 허기진 배를 맛있는 음식으로 채우고 읍내에 가서 평소에 입고 싶었던 옷을 사면서 포만한 행복감의 일상을 이어가는 그들의 모습은 마치 아이처럼 해맑기에 그들의 미소를 향해 카메라는 클로즈업 시선을 취한다. 그러나 갑자기 찾아온 행복은 점점 불길한 복선을 드리우고 밀수 놀이를 하던 해녀들의 일상은 세관원이 확성기로 "동작 그만, 세관입니다"라고 외치는 순간 불행으로 전환된다. 세관원들의 진입으로 진숙의 아버지가 불의의 사고로 바다에 빠져 죽고 세관원들이 해녀들을 집중 조사하면서 군천에는 먹구름이 드리운다. 해녀들은 갑자기 사라진 춘자가 세관에 밀고했다는 의심쩍은 추리를 하게 되고 이와 동시에 서울 명동으로 이주한 춘자의 화려한 횡보가 교차 편집을 통해 이어진다. 춘자가 갑자기 마을에서 자취를 감추자 해녀들은 춘자에 대한 의심을 더욱 키우고 진숙은 다시 군천을 찾아 온 춘자를 외면한다. 영화는 후반부에 가서야 밀고의 진범이 장도리라는 것을 알려주니 <밀수>의 맥거핀(MacGuffin)은 바로 화면 가득 존재감을 채웠던 '춘자'였던 것이다.

춘자는 장도리와 세관 계장의 관계를 읍내 마담인 고옥분을 통해 추리해내고 자신이 밀고자가 아님을 당당히 해녀들에게 밝힌다. 뒤늦게 누명을 벗게 된 춘자는 군천의 정보통인 고옥분과 힘을 합하여 세관 계장과 장도리를 처단한다. 여성 인물들이 이루는 성공이자 모험담으로 가득한 <밀수>는 정의를 실현하는 이가 남성이 아닌 여성, 그것도 세상에서 두각을 나타내지 않는 직업을 가진 해녀라는 점에서 해학적인 웃음을 선사한다.

2023년 아카데미 작품상 및 여우주연상을 수상한 <에브리씽 에브리웨어 올엣원스>(*Everything Everywhere All at Once*)의 경우에도 여주인공 에블린(Evelyn)과 그녀의 딸인 조이(Joy)의 방황과 성장을 특수한 메타버스 세계관을 통해 구현하였다. 현실과 환상의 공간을 오고 가는 모녀의 여정을 통해 에블린과 조이는 서로 성장하며 그들의 내면에 잠재해있던 트라우마를 치유한다. 특히 모성의 힘으로 갖은 고난을 이겨내고 다중 우주 세계에서 악인으로 존재하던 딸인 조이를 일깨워주는 에블린의 노력이 감동적으로 다가온다. 중국계 미국인으로서 생계에 고통을 느끼고 탈세를 일삼았던 에블린의 가족은 다중우주 체험을 통해 현실의 중요함과 가족의 중요성을 인지하게 된다. 마치 <밀수>에서 진숙과 춘자가 화해하면서 새로운 가족을 형성해갔듯이 최근에 벡델 테스트의 조건을 통과하는 여성 인물들이 중심을 이루는 영화는 여성 인물들이 형성해가는 감정 교류와 그들이 형성하는 새로운 가족 형성이 중심을 이룬다. 상어의 출몰로 다리를 절단한 이웃 해녀를 도와주는 해녀들의 모성 어린 동정심과 가족의 생계를 책임지면서 아이들을 돌보는 해녀들의 강인한 연대는 그들로 하여금 스스로의 잠재력을 발휘하도록 하고 이들을 점점 세상 밖으로 나오게 한다. 또한 우직한 마을의 터줏대감 역할을 하는 진숙과 더불어 삶에서 이윤 추구만을 목표로 여기던 고옥분과 춘자의 내적 성장은 자아 각성의 측면을 강조한다.

<밀수>는 영화 장면의 대부분을 푸른 바다로 가득 채우는 특별한 미학을 연출하고 해녀의 움직임에 따라 카메라를 이동시킨다. 관객은 해저 바닥까지 시선을 낮추기도 하고 해녀의 동선을 따라 갑자기 해수면으로 시선을 이동시키면서 시선 이동이 분주해지는 경험을 하게 된다. 더 이상 지표면이 영화를 연출하는 공식이 아니라 바다와 해저가 영화의 구도를 형성하는 낯선 연출은 일종의 "탈영토성"을 띤다. 제약된 공간이 아닌 열려 있는 바다라는 무한한 공간적 구도는 제한적인 인식론적 세계관을 너머 상상계로 관객을 이끈다. 해녀들은 이러한 탈영토화를 통해 스스로 '타인 되기'를 실현하고 바다와 육지의 경계를 초월함으로써 그들의 존재를 확장한다. 이 가운데 보수적인 진숙과 이기적인 고옥분을 변화시키는 정신적인 멘토인 춘자는 특히 실존적 태도를 지닌 리더이다. 그리고 영화의 후반부는 마치 논개가 일본 적장을

안고 진주 남강에 투신했듯이 세관 계장을 안고 바다로 뛰어드는 고옥분의 모습을 통해 모든 비극을 희화화한다. 마치 소극(素劇)이 보여주는 듯한 웃음을 자아내고 정의 실현이 동시에 이루어지는 고옥분의 투신은 영화의 클라이맥스이자 위기에 빠진 해녀들을 구원하는 순간이다. 영화 <매트릭스>(*Matrix*, 1999)에서 트리니티(Triniti)의 사랑의 키스로 네오(Neo)가 부활했던 장면이 오버랩 되는 듯한 고옥분의 세관 계장과의 포옹 장면은 군천의 악을 제거하기 위한 '논개의 부활'과도 같은 의미로 다가온다.

<밀수>는 결말을 예측할 수 없는 반전에 반전을 거듭하는 스토리, 빠른 화면 전환을 통한 시공간의 전환, 바다와 배, 그리고 상자들이 화면을 구성하는 독특한 화면 구성 등의 독창성으로 2023년 청룡영화제 최우수 작품상, 대종상 영화제 감독상 등을 수상하였다. 포스트 코로나 이후 우울한 한국 사회에서 청량함의 에너지를 일깨워준 <밀수>는 관객에게 카타르시스를 제공했다. 마치 한국판 <캐리비안의 해적>(*Pirates of the Caribbean*)의 느낌을 자아낸 <밀수>는 그동안 <범죄도시> 시리즈가 남성 영웅들의 내러티브를 통해 사회악을 처단하는 통쾌함을 전해주었듯이 여성들의 화합을 통해 남성들의 모함을 처단했다. 또한 1970년대 한국 사회의 역사적 흔적이 스크린에 가득한 점은 <밀수>가 지향하는 한국적 노스탤지어이다. "자 그럼 오라이~"라는 구호로 바다에 뛰어드는 해녀들의 합성과 1970년대 한국 가요의 뒤성킨 사운드, 그리고 해녀들의 오색찬란한 70년대 체크무늬 일상복은 전복 대

신에 상자를 건져야 했던 그들의 아픔까지 희석시킨다. 장도리와 세관 계장의 모함을 지혜로 극복하고 밀수품을 오롯이 품에 안은 해녀들의 행복한 미래는 오픈 엔딩으로 남겨지고 군천은 다시 살기 좋던 과거의 고향으로 돌아간다.

15-16세기 스페인 소설 장르의 특색으로서 선과 악의 경계가 모호하여 모든 등장인물들에게 선과 악이 공존하는 장르인 피카레스크(Picaresque) 장르의 특징을 띠는 <밀수>는 모든 인물들이 순간의 이익에 경도되어 악을 저지른다. 그러나 대부분의 범죄 영화처럼 경찰이나 검찰 등은 등장하지 않고 이들의 잘못에 대해 어떤 누구도 형벌을 내리지 않는다. 밀수 상황을 포착한 세관원들이 밀수 선원들을 검문하는 과정도 수갑을 채우거나 이들을 경찰차에 이송하는 장면이 아니라 밀수 선원들이 온 몸에 몰래 감춘 밀수품들을 찾아내는 코믹함으로 대체된다. 밀수를 하는 행위는 분명 범죄이지만 이들의 처단을 지속적으로 미루는 과정을 통해 악의 행위는 어느새 잊혀지고, 마을 사람들의 우상으로 칭송받던 진숙의 아버지도 생계를 위해 밀수 행위에 가담하면서 선함의 축도 급속도로 무너진다. 밀수 행위의 대부격인 권 상사와 손을 잡는 춘자와 순진한 연기를 하면서 해녀들을 배신하는 장도리의 끊임없는 밀수 행위는 서로를 향해 칼을 겨누게 한다. 이렇게 선과 악의 경계를 넘나들면서 어느 순간에도 긴장을 놓을 수 없는 서로를 향한 화해와 배신을 목격한 관객은 마치 히치콕(Alfred Joseph Hitchcock)의 영화를 바라보는 듯한 느낌을 가진다. 세관원의 등장

을 훔쳐보는 해녀들, 세관 계장과 장도리의 음모를 몰래 지켜보는 해녀들의 관음증적 시선, 고옥분과 춘자가 영화 곳곳에 숨겨둔 눈속임 장치 등은 히치콕의 영화 공식인 '서스펜스'를 떠올리게 한다. 마치 히치콕의 <북북서로 진로를 돌려라>(*North by Northwest*, 1959)를 오마주한 듯한 <밀수>는 서스펜스와 통쾌한 유쾌함이 뒤엉킨 오락적 재미를 갖춘 영화로서 쇼트 바이 쇼트(shot by shot)의 편집 형식을 취한다. 뒤바뀐 시선의 변화와 사건의 핵심이 지속적으로 다른 국면으로 전환되는 숏의 설정은 관객에게 혼돈을 초래하여 의도적으로 영화가 숨겨둔 진실을 뒤늦게 깨닫게 만들거나 이 과정을 지연시킨다. 예를 들어 바다를 시원하게 가로지르는 배가 보이다가 갑자기 화면이 페이드 인(fade-in) 되면서 배 위에 한가롭게 앉아 있는 춘자의 모습, 오른쪽과 왼쪽으로의 잦은 시선 전환은 예상치 않았던 대상 혹은 사물의 등장 등을 통해 관객이 본래 등장하기를 기대했던 대상의 기표가 다른 기표의 등장을 통해 사라지면서 기표와 기의의 의미는 지속적으로 미끄러진다. 이러한 기표와 기의의 불일치는 결국 해녀들이 장도리와 세관의 음모를 눈치채지 못하게 만든다. 지속적으로 야누스(Janus)의 마스크로 선과 악의 경계를 넘나들던 해녀들은 이제 악의 소멸로 다시 꽃을 피울 선의 세계를 지향하면서 군천으로 돌아가는 배에서 '선한 마스크'로 신나게 웃는다. 배 위에는 밀수품 상자들이 가득 쌓여 있고, 이들의 밀수 행위를 처단할 이 없는 고향으로 나아가는 배는 하얀 파도 위에서 전 속력을 낸다.

4. 공통의 글로벌 상상계 / 초국가주의 : <파친코>(*Pachinko*) 시리즈와 <지옥, 2021>

4-1. <파친코> 시리즈와 新 한류 열풍

시시각각 콘텐츠가 업그레이드되는 OTT 영화는 빠른 속도로 세계인들의 기호도를 수집하고 이를 다음 영화에 반영한다. 앞서 살펴본 제작자들의 프로덕션 기술의 향상을 포함하여 콘텐츠의 지속적인 공유와 글로벌 감성의 융합은 세계인들로 하여금 OTT라는 가상현실의 공간에서 점점 공통의 상상계를 형하게 한다. 포스트 내셔널리즘이나 트랜스 아이덴티티(trans-identity)는 고정된 국가나 인종의 정체성을 넘나드는 개방된 사고를 형성하게 하면서 어떠한 장벽도 허무는 경향을 띤다. 이러한 맥락 가운데 OTT 영화에서 스트리밍 서비스를 통해 제공되는 전쟁 영화는 바로 이러한 목적성을 전달해주는 매체가 된다. 특히 세계대전 등과 같은 큰 전쟁을 치루는 가운데 서로 의사소통이 되지 않는 혼돈의 상황에서도 주인공들은 상대방의 몸짓이나 표정을 통해 소통하면서 공통의 상상계를 형성해간다.

> Collective memories are shared representations of a group's past based on a common identity. Various groups of people have different collective memories, which in turn give rise to different modes of behavior. (Halbwachs 25-26)

> 집단 기억은 공통의 정체성을 기반으로 한 그룹의 과거를 공유한 표현이다. 다양한 그룹의 사람들은 서로 다른 집단 기억을 가지고 있으며, 이는 차례로 다른 행동 방식을 유발한다.

역사는 민족과 국가의 과거이면서 집단 기억을 생성하고 홀박스(Halbwachs)의 표현대로 이것은 "집합 기억"(collective memory)이 된다. 그 후 노라(Pierre Nora)가 기억에 있어 장소가 미치는 영향을 강조한 이후 장소와 역사의 상호 관계가 중요시되기에 이르렀다. 특히 기억과 역사는 서로 영향을 주고받기 때문에 기억해내고자 하는 의지가 있어야 기억을 위한 장소가 생성되기에 공통의 분모를 공유한다.

애플 TV+가 제공한 <파친코>는 1차 세계대전과 일제강점기를 역사적 배경으로 조선인들의 삶의 애환을 다루었다. 미국의 대중문화 시상식인 크리틱스 초이스상(Critics' Choice Movie Awards) 외국어 TV 드라마 부분 작품상을 수상하였고 시즌 2의 제작으로 이어질 정도로 <파친코>는 미국 내에서도 인기가 높았다. 고향인 조선을 떠나 일본과 미국에서 생활하는 4대 가족의 희노애락을 담은 시대극이 세계인의 심금을 울린 이유는 조국을 상실한 이민자들의 아픔이 고스란히 국경을 초월해서도 전달되었기 때문이다. 역사적 불안의 시대를 드라마로 집약해서 나타낸 가족의 일대기 속에는 전쟁 속의 평화, 사랑 등의 긍정적인 감정과 더불어 이별, 원망 등의 부정적인 감정이 뒤엉켜있다. 운명의 굴레를 벗어나서 슬픔을 극복해내는 가족들의 의지가 전 세계가 보편적으로 공감할 수 있는 감성이고 불행한 역사 속에서도 생존을 위해 갖은 고난을 이겨낸 인물들의 삶의 의지가 중심이 되는 내러티브가 있기에 스토리는 더욱 흡입력 있게 다가온다.

[사진 9] <파친코> 포스터(애플 TV+ 제공)

<파친코>는 할렘(Harlem)에서 활동하는 한국계 미국인 작가이자 저널리스트인 이민진의 동명 소설을 드라마화한 작품으로서 제작과 감독을 대부분 한국계 미국인들이 맡으면서 한국적 감수성을 더했다. 드라마의 전개는 실재 역사를 고증하여 사실성을 더했으며 여러 공간과 세대를 오고가는 교차편집은 세대를 넘나드는 초국가적 감수성을 배가시켰다. 소설 『파친코』는 디킨슨(Charles Dickinson)의 시를 인용하면서 시작되는 반면 드라마 <파친

코>는 수많은 영상을 교차편집한 오프닝으로 영상미를 자극한다.

> Home is a name, a word, it is a strong one;
> stronger than magician ever spoke, or spirit answered to, in
> strongest conjuration.
>
> 집은 이름이고, 단어이며, 강력한 것
> 마술사가 말했던 것보다 더 강하며, 영혼이 답한 것보다
> 더 강한 최상의 마법

이후 시작되는 "역사가 우리를 실패에 빠트렸으나 아무 상관이 없다"(History has failed us, but no matter)라는 내레이터의 진술로 시작하여 역사를 거슬러 생존하고자 했던 인물의 의지를 밝히는 소설의 내레이션은 조국을 잃고 무작정 일본으로 이민을 가서 생존서사를 이어가던 한국인 3세대의 치열한 여정을 역사 속에 고스란히 담는다. 시간의 배경은 1930년대부터 1980년대, 그리고 3세대인 손자가 등장하는 2010년대까지 이어지며 1945년 히로시마 원자 폭탄 투하와 일본의 패전 선언, 1964년 일본 올림픽, 1960-70년대에 이룬 눈부신 경제 성장의 일대기가 인물들과 함께 그려진다. 공간적 배경으로는 1세대인 선자의 오사카 행을 필두로 2세대인 노아의 나가노현(Nagano-ken) 이동, 3세대인 솔로몬의 미국 이동을 들 수 있다. 선자가 이민 서사에서 가장 중요한 핵심 인물

로 등장하는 점도 대부분의 디아스포라 문학의 주인공이 가부장인 점과는 사뭇 대조적이다. 그러나 부산 영도 지역 출신인 선자는 여느 남성들 못지않게 생활력이 강인하고 처세술도 뛰어나서 남성들에게 오히려 의지가 되는 여성이다.

선자는 첫사랑이라고 할 수 있을 고한수에게 외면당하고 백이삭이라는 청년을 만나 60년의 삶을 일본에서 보낸다. 선자는 어린 시절 장애인 아버지와 소작농 출신의 어머니의 가정에서 성장하면서 가난의 아픔을 겪지만 아버지의 사랑을 받으면서 아들 못지 않게 강인한 주체성을 형성한다. <파친코>의 시작은 오프닝 자막에 흘러나오는 "오늘을 위해 삽시다"(Let's Live for Today)라는 활기찬 노래로 시작된다.

I think

All worries

The money they chase and so many dreams

We are different from them

So I'm glad

I fill my life with beautiful things

I'm busy to love you today

If you look back, it flows brilliantly

Look at me

Look at my eyes

A heart that cannot be hidden

To you my heart

나는 생각하곤 하지

모든 걱정들

그들이 쫓는 돈과 수많은 꿈들

우리는 그들과 달라

그래서 나는 기뻐

아름다운 것들로 인생을 채우잖아

나는 오늘도 너를 사랑하기에 바빠

돌아보면 그 시간, 멋지게 흘러가네

그대여 나를 바라보아요

내 눈을 바라보아요

숨길 수 없는 마음

내 마음 그대에게

전통 한국 의상과 역사가 파노라마처럼 지나가는 영상을 통해 노래의 선율이 흐른다. 노래와 함께 제공되는 오프닝을 통해 한국인들만의 온정이 느껴지는 가운데 갑작스럽게 영어 자막을 통해 일제 식민의 역사가 소개되면서 드라마는 비극의 역사를 소개한다. 마지막 에피소드도 자막 효과 처리를 통해 시즌 1을 마무리한다.

Over 2 million Koreans immigrated to Japan during colonial rule. About 800,000 of them were taken as laborers by the Japanese Empire. Most returned to their home countries after World War II. However, about 600,000 remained in Japan and became stateless. This story is about such women. They endured.

200만 명 이상의 한국인들이 식민 지배 당시 일본으로 이주했다. 그 중 약 80만 명은 일본의 압박을 받으며 강제로 노동자로 이송되었다. 이들은 2차 대전 이후 고국으로 돌아왔지만 약 60만 명은 일본에 남은 채 무국적자 신분이 되었다. 이 이야기는 그런 여성들에 관한 이야기이다. 그들은 인내했다.

1대부터 3대까지의 세대의 시간을 넘나드는 선자의 페르소나는 1923년부터 1989년까지의 시공간을 넘나든다. "<파친코>는 평행 편집을 중심으로 디졸브(dissolve) 등 시각적 편집 효과를 이용하여 다른 시간 축들이 보여주는 연결의 의미를 보다 강조한다. 과거와 대과거의 시간이 마치 과거의 선자와 현재의 선자 사이에 놓인 것처럼 보이는 벽을 통해 교차된다. 또한 수평적 느낌을 주는 카메라의 패닝(panning)이 두 시간의 축을 교차하는 효과를 창출하여 선자의 오사카 시절(대과거)과 부산 시절(과거)이 데칼코마

니처럼 연결된다”(채희상 18-19).

이처럼 한국의 역사를 배경으로 전개되는 일본으로 이주한 한 가정의 역사가 세계에서 주목받은 이유는 바로 글로벌 감성에서 기인하는데 그 감성의 저변에는 인간의 오감을 활용하는 방법이 숨어있다. 예를 들어 등장인물들이 쌀을 지어 먹으면서 냄새를 맡고 그 음식을 나눠 먹으면서 과거를 추억하는 장면이 그 활용의 예이다. 드라마 속 선자의 감정은 오징어, 전복, 김치 등의 냄새를 통해 이입되고 그 이입의 과정은 글로벌 관객들에게 감각을 통한 경험의 전이를 빠르게 전달한다.

<파친코>는 관동대지진, 노동자 강제 징용, 위안부 등의 문제도 드라마의 현재 시점을 통해 다루면서 일제 강점기에 대한 비판적 시선을 이끈다. 소설 『파친코』는 시간의 흐름에 따라 사건이 전개되는 반면 드라마 <파친코>는 선자와 선자의 손주인 솔로몬의 서사가 동시에 전개되면서 스토리의 전개에 더욱 입체감을 더한다. <파친코>의 외피는 분명 디아스포라 장르이지만 그 내피에는 국가와 인종 외에도 젠더, 장애인, 직업, 경제 등의 차별을 광범위하게 다루는 서사가 담겨 있기에 단순히 조국을 상실한 아픔을 다루던 과거의 디아스포라 장르와는 차별점이 있다. 예를 들어 조국을 영어 자막에서 “Homeland”로 표기하지 않고 “Motherland”라고 표기하는 점에서 과거의 디아스포라 장르나 영화와는 차별을 둔다. 부산 영도에서 유년 시절을 보낸 선자의 기억 속에 조선은 조국이라기 보다는 가족을 위해 헌신하셨던 “어

머니의 땅"에 더 가깝기 때문이다.

> 조선 이민자들의 거주 공간을 가축의 사육 공간 위에 덧입히고 그들의 신체를 하위 노동의 장소에서 오사카 지하철 공사에서만 교환 가치가 가능한 관계로 국한시킨다. 때문에 이카이노에 거주하는 조선인들에 대한 오염의 라벨링은 단지 냄새와 더러움과 같은 감각적 불쾌가 아니라 장소 바깥에 있어야 할 타자가 제자리에 있지 않고 경계를 넘어서는 것에 대한 혐오의 정서에 더 가깝다. (김영삼 209)

3세대 이민자로 성공한 모습을 보이는 솔로몬은 미국계 금융회사에 근무하는 엘리트이지만 그의 정체성은 혼란스럽다. 일본인 투자자 아베(Abe)가 솔로몬에게 "혈액형이 어떻게 되시죠?"라고 묻는 질문은 혈통의 중요성을 각인시키는 중의적 의문 화법이다. 이처럼 경제적인 성공을 이루었지만 조선인의 혈통은 솔로몬에게 언제나 정체성의 불안을 증폭시킨다. 카메라는 솔로몬의 불안을 잠재우려는 듯 솔로몬이 입은 명품 의상과 에르메스(Hermes) 제품의 넥타이에 주목하면서 이러한 그의 성공이 자칫 실패할지도 모른다는 불안감을 조성한다. 드라마 전반에 배치된 불안을 야기하는 이미지들은 결국 계약에 실패한 후 고층 계단을 내려오는 솔로몬과 떨어지는 그의 에르메스 넥타이, 폭우에 내던져지는 그의 명품 양복 등의 화면 전환으로 이어진다. 그 때 솔로몬의 귀에 들리는 “그렇게 비싼 옷을 입고 좋은 학위를 따도 그들은 네가 기회가 있다고 착각할 딱 그만큼만 문을 열어 놓을거야. 넘어가지 마”라는 보이스 오버(voice-over) 효과는 미국 사회에서 고립되어 분열된 솔로몬의 정체성이다. 세대를 넘나드는 불안한 정체성은 선자를 거쳐 솔로몬에게도 지속적으로 이어지는 양상이기에 조국을 잃은 민족의 아픔을 고스란히 전달한다.

반면에 인고의 세월과 불안의 시간을 초극하여 노인이 된 온화한 모습의 선자는 가지런히 놓여있는 현대식 부엌에서 식사를 준비한다. 그 가운데 교차편집을 통해 1934년으로 시간 이동을 하고 과거의 선자가 가마솥과 보리밥, 진흙 투성이인 집에서 식사를 준비하는 모습이 등장한다. 과거의 고통과 치욕의 역사가 인내로 인해 현재의 물질적 풍요로 보상받은 것 같은 느낌을 주는 연출이다. 요즘 아시아뿐만 아니라 전 세계 시장에서 인기를 얻고 있는 K-콘텐츠의 대미를 장식한 <파친코>는 애플이 1억 3천만 달러를 투자하여 제작한 작품으로 전 세계의 감성을 흔들었다. 드라마의 전개에는 실제 역사 고증으로 사실성을 더했으며 여러 공간과 세대를 오고가는 교차편집은 세대를 넘나드는 초국가적 감수성을 배가시키면서 K-콘텐츠 특유의 노스탤지어 코드를 생성하였다. <파친코> 외에도 드라마 <사랑의 불시착, 2019>의 경우 분단국가로서 한국 사회가 지닌 정체성 혼돈과 북한에 대한 새로운 내러티브를 통해 해외 시청자들의 관심도를 증폭시켰다.

4-2. <파친코>와 뉴 미디어

<파친코>의 인기와 더불어 신 한류의 열풍은 한국의 전통 의상인 한복에까지 영향을 미치고 있다. 한복은 옥스퍼드 사전에 'Hanbok'으로 등재되었으며 공식 계정 www.hanbokwave.com을 통해 전 세계 소비자들이 한복을 구입할 수 있게 되었다. 또한 "한복 웨이브(Hanbokwave)"는 K-컬쳐 콘텐츠 확산을 위한 사업으로 한복의 미를 전 세계인들에게 알리는 중이다. "新 한복"으로 지칭되는 현대인의 개성을 고려하여 변형된 한복은 BTS가 곤룡포를 입고 등장한 이래로 새롭게 주목받고 인기몰이를 하는 중이다. 차세대 마케팅 채널로 주목받고 있는 아바타 기능이 특화된 메타버스 플랫폼인 제페토(Zepeto)를 통해 사용자들은 한복을 간접적으로 입어보는 체험을 할 수 있다. "한복 웨이브 프로젝트"는 상의, 하의, 조끼, 갓의 미를 영어를 통해 자세히 설명함으로써 세계인들에게 한복의 미를 선보였다. 서양의 의복과 전통 한복이 적절하게 융합되었다는 긍정적인 평가를 받고 있는 新 한복은 이처럼 K-콘텐츠의 한 부분을 차지하면서 K-콘텐츠의 중요한 아이콘으로 부각되고 있다.

또한 호주 시드니 파워하우스 박물관에서 열린 한국 관련 전시회가 누적 관람 인원 23만을 돌파하였다. 국립춘천박물관 소장 고려시대 나한 석조상 50여 점을 출품한 전시회인 "창령사터 오백나한 전시"가 큰 인기를 모았는데 시드니 박물관은 "나한전은 가장 아름다운 전시 중 하나"라고 소개하면서 병이 든 아내가 강

화 석모도를 지나가면 몸이 낫곤 해서 감사한 마음으로 절을 짓다가 오백 나한상을 발견하게 되었다는 설화도 전시에 덧붙였다. 또한 포근한 미소를 띤 나한상이 포스트 코로나 시대를 살아가는 호주인들에게도 마음의 치유를 제공하였다고 인기를 끌게 된 전시회의 비하인드를 소개하였다. 호주의 애호가들은 오백 나한상이 인간의 고통과 세속에 대한 집착이 무의미함을 보여주는 것 같다고 평가하였다. 본래 '나한'이란 '아라한'(阿羅漢)의 줄임말로 부처의 열반을 깨달은 성자, 수행을 마치고 최고 경지에 오른 사람을 일컫는다. 오백 나한은 부처의 입적 후 제자 500명이 부처의 가르침을 경전으로 제작하면서 붙여진 명칭이다. 나한은 불교 문화에서 재앙을 물리치는 신성한 존재로 각인되었고 그 이후에도 나한은 벽화나 조각으로 제작되고 있다. 현 시점에서 바라본 오백 나한을 통한 불교 문화의 한국적 재해석과 전시 예술은 K-콘텐츠 전시 예술에 아름다움을 제공하였다.

한편 빅토리아와 앨버트(Victoria and Albert) 박물관에서는 2022년 9월 24일부터 2023년 6월 25일까지 "한류! 한국의 파장"(Hallyu! The Korean Wave) 전시회를 통해 K-콘텐츠 전반과 한국의 역사를 소개하는 사진 전시회를 열면서 런던 시민들의 관심을 모았다. 그 외에도 한국계 미국인 개념 예술가 애니카 이(Anicka Yi)의 경우에는 K-아트 디아스포라 전시회를 개최하면서 K-콘텐츠가 지닌 전시 및 개념 예술의 미를 뽐내었다.

<파친코>를 통해 등장하는 한국 음식의 경우에도 세계인들

의 입맛을 사로잡으면서 한국 관광을 이끄는 동인이 되었다. 미국과 유럽 시장의 수요층 증가로 지속적인 무역 수지 흑자를 보이는 김치는 농식품부의 주력 푸드 산업으로서 2027년까지 수출액 3억 달러를 목표로 4대 전략 9대 과제 추진에 총력을 기울이는 음식 산업이다. 주요 과제로 우수 종균의 개발과 종균 보급의 확대, 저염 김치를 비롯하여 현지 맞춤형 상품의 다변화, 수출 김치 숙성 지연을 위한 장기적 차원의 유통 기술 및 개발도 추진 중이다. 김치의 해외 시장에서의 인기는 김치가 가진 항산화, 항암, 항비만, 급성 호흡기 질환의 치료, 그리고 면역력 향상에 도움을 주는 영양학적 가치와 더불어 다른 발효 식품인 고추장이나 된장의 수출도 증가세이다. 한국 음식의 세계화는 UNESCO 인류무형유산으로 제정된 김장 문화의 계승과 김치의 가치를 알리는 '김치의 날'의 지정으로 이어졌다. 유럽에서도 상위 검색어를 차지하는 한국 음식은 한국의 먹방 프로그램들을 통해서도 김밥과 주요 한식의 종류가 인기를 얻고 있는 것으로 분석된다. 글로벌 문화 콘텐츠 산업의 장르나 영화와 드라마는 이처럼 식품과 패션 분야로까지 확산되어 세계인들에게 공유되는 양상을 보여준다.

4-3. 할리우드 인종 차별에 대한 반성 서사-스필버그를 중심으로

<파친코>의 흥행 전에 스필버그(Steven Spielberg) 감독이 미국의 1960년대를 현 시점에서 다시 소환한 <웨스트 사이드 스토리>(*West Side Story*, 2021)에도 인종 차별에 대한 반성적 서사가 담겨

있다. <웨스트 사이드 스토리>는 스필버그의 첫 뮤지컬 영화로서 셰익스피어(Willian Shakespeare)의 『로미오와 줄리엣』(*Romeo and Juliet*)의 내용을 현대적으로 각색했기 때문에 21세기 버전의 <로미오와 줄리엣>의 이야기로 감상해볼 수 있다. 로미오와 줄리엣이 원수 집안 출신의 자손이라는 이유로 맞이해야 했던 비극처럼 <웨스트 사이드 스토리>의 주인공들도 이민자 그룹의 갈등으로 인해 비극을 맞이하게 되기에 『로미오와 줄리엣』의 슬픈 사랑 이야기가 지속적으로 오버랩된다. 그렇다면 스필버그는 왜 1950년대에 이미 제작된 뮤지컬 영화를 다시 리메이크 작업으로 제작하게 되었을까? <라라랜드>(*La La Land*, 2016)가 침체되었던 뮤지컬 영화의 부흥을 알리는 신호탄이 되면서 음악, 노래, 안무 등의 집합체로서의 뮤지컬의 매력이 재평가되었듯이 공연 예술과 영화의 언어를 중첩한 성격을 띤 뮤지컬 영화는 그 자체만으로 다매체성을 띠고 있기에 관객에게 매력적인 장르이다. 스필버그의 뮤지컬 영화는 브로드웨이에서 743번 공연되었던 뮤지컬을 스크린을 통해 더 넓고 입체적인 공간감의 깊이를 통해 표현하면서 1950년대의 미국으로 관객을 이끈다. <웨스트 사이드 스토리>의 대표적인 노래인 "America"는 푸에르토리코인들의 애환과 꿈을 담은 노래이고, 『로미오와 줄리엣』의 발코니 장면을 재연한 듯한 노래 "Tonight"은 주인공 토니(Tony)와 마리아(Maria)의 사랑을 담은 노래이다. 어두운 밤의 조명과 벽돌 벽이 배경이 되는 무대와 빈민가를 상징하는 2층으로 올라가는 가냘픈 철제 계단이 몽타주 효과를 연출하면서 무대는 사랑의 듀엣을 따스하게 담아낸다. 과거 제트파(The Jets) 소속 토니와 샤크파(The Shark) 두목의 여동생인 마리아가 사랑에 빠지는 상황은 로미오와 줄리엣을 연상케하고 그들이 체육관에서 춤을 추는 장면에서는 두 사람의 모습만 오롯이 부각되고 주변은 페이드-아웃(fade-out)된다. 마치 <라라랜드>에서 주인공 미아(Mia)와 세바스찬(Sebastian)의 등장 장면에서 사용된 기법처럼 커플을 부각시키기 위해 주변이 희미하게 사라지는 기법은 제피렐리(Franco Zeffirelli)의 오마주처럼 보인다. 또한 폴란드계 이민자 그룹인 제트파와 푸에르토리코계 이민자 그룹인 샤크파의 대립으로 등장하는 안무 장면은 청년들의 열정과 사회에 대한 저항을 담아낸다. 재즈와 맘보, 발레의 느낌을 담은 안무와 청색 옷과 붉은 옷의 대조는 젊은이들의 에너지를 담아내기에 더 큰 역동성을 띤다. 충돌하는 안무 동작부터 시작되는 영화의 초반부터 극장 스크린을 가득 메우는 긴장의 고조, 그리고 청년들의 열정과 흥분은 극의 긴장감을 이어가는 장치이다.

그렇다면 이들의 갈등은 어디에서 비롯되었는가? 바로 인종차별로 인한 증오 때문이다. 역사적으로 할리우드 영화 속에 등장하는 라티노의 이미지는 부정적이었으며 타인종에 대한 백인 하층 계층의 적대감이 증가하던 시대를 거치면서 라티노 계층들은 점차 치카노(Chicano) 민족주의를 형성하게 되었다. 푸에르토리코 출신 갱단의 이름이 '샤크파'인 것도 치카노 계층에 대한 백인의 혐오를 대변하는 상징적 기표이다. 미국 주류 사회의 억압적 욕망이 내재화된 가운데 이를 부정하려는 샤크파와 제트파는 늘 충돌할 수밖에 없는 운명의 굴레에 놓여있기에 음색도 불협화음이 등장한다. 그렇다면 그들의 꿈은 이루어질 수 있을까? 영화는 그들의 꿈을 이루어줄 장치를 제시하지 않는다. 즉, 그들에게는 인종주의 프레임을 벗어날 현실 탈출의 출구가 없다. 로미오와 줄리엣은 베로나(Verona)를 떠나면 원수 가문들로부터 벗어날 수 있는 파두아(Padua)라는 정착지가 있었지만 그들에게는 벗어날 공간이 없다. 결국 절망적인 결말로 치닫는 영화의 마지막 장면은 죽은 토니의 시신을 부여잡고 우는 마리아에게 집중된다. 『로미오와 줄리엣』에서는 두 주인공이 모두 죽음을 맞이하는 반면 <웨스트 사이드 스토리>의 마리아는 홀로 살아남아서 토니의 죽음이 사회의 책임이라고 울부짖는다. 의미 없는 상호 간의 증오와 반목의 행동이 수정될 필요성이 있다고 절규하는 마리아의 모습은 미국사회를 향한 목소리이다. 마리아의 절규는 "아메리칸 드림"이란 없다는 역설적 표현으로 다가온다.

스필버그는 앨리스 워커(Alice Walker)의 동명 소설을 영화화한 <칼라 퍼플>(*The Color Purple*, 1985)을 통해 흑인들의 슬픔을 담아낸 적이 있다. 그동안 그가 촬영했던 블록버스터 장르와는 결이 다른 시도였기 때문에 혹평도 있었지만 <칼라 퍼플>은 "AFI 선정 100대 영감을 주는 영화"로 선정되어 작품성에 있어 높은 평가를 받았다. 그 이후 그는 <쉰들러 리스트>(*Schindler's List*, 1993)를 통해 유대인 학살의 비극 속에 휴머니즘의 기표로서 빨간 코트를 입은 소녀의 이미지를 시각적으로 훌륭하게 연출해내면서 예술성과 대중성에서 높은 평가를 받았다. "로우-테크"(low tech)와 핸드 헬드(hand held) 기술로 제작된 영화는 유대인으로 지녔던 스필버그 자신의 아픈 기억들을 고스란히 담아냈다.

그 이후 스필버그는 <터미널>(*The Terminal*, 2004)을 통해 자국의 쿠데타로 인해 국적 확인이 불가해진 가상의 상황에서 미국 입국이 거부된 나보스키(Navorski)라는 남성이 JFK 공항에서 고립되어 발생하는 코믹한 에피소드를 연출하였다. 자국의 쿠데타로 순식간에 오고 갈 곳이 없어진 난민 신세의 중년 남성의 이야기가 중심인 <터미널>은 세상 물정에 어두운 등장인물이 맞이하는 생존 드라마이다. 생존이 위협받는 극한 상황에서도 삶을 포기하지 않는 나보스키의 따뜻한 인성과 주변인들에 대한 배려가 극 전개의 중심을 차지한다. 그리고 2012년에 개봉된 <링컨>(*Lincoln*)은 역사 드라마로서 링컨이 감행한 인종 차별 정책의 폐지와 인종 화합에 대한 의지를 담은 영화이다. 인종 차별에 대한 스필버그의 관심은 그의 또 다른 휴머니즘을 향한 관심의 확장이자 인격적 존재인 인간에 대한 존중 사상을 담은 그의 의지를 표현한다고 해석해볼 수 있다.

스필버그는 학창 시절 평균 학점 C를 받았던 평범한 학생으로 회자되지만 그의 영화 세계는 A+ 학점임은 전 세계인들이 인정하는 바이다. 스필버그의 자전적 영화라 할 수 있는 <더 파벨만스>(*The Fabelmans*, 2022)는 영화 제작자로서 스필버그 자신의 성장 과정을 6살의 주인공 새미(Sammy)에게 투사한다. 어머니 미치(Mitzi)는 피아니스트로서 새미에게 "영화는 네가 절대 잊을 수 없는 꿈"(Movies are dreams that you never forget)이라고 말한다. 새미는 부모님과 처음으로 영화관에서 영화를 관람하게 되는 데 그 영화는 바로 세실 B. 드밀(Cecil B. DeMille) 감독의 <지상 최대의 쇼>(*The Greatest Show on Earth*, 1952)이다. 새미는 영화를 관람하는 중에 자동차가 기차와 충돌하는 장면을 보고 큰 충격을 받는다. 뤼미에르(Lumière) 형제의 <열차의 도착>(*L'Arrivée d'un train en gare de La Ciotat*)에 등장한 기차가 실시간으로 관객에게 다가오던 모습이 관객에게 신선한 충격을 주었던 역사적 사건처럼 처음 영화를 만난 새미도 그러한 감동에 잠 못 이룬다.

새미는 밤에 몰래 장난감 기차를 충돌시키면서 그 장면들을 카메라에 담기 시작하고 그가 만든 기차의 충돌을 담은 영화를 미치에게 보여준다. 새미가 최초로 만든 영화를 어두운 옷장 안에서 감상하며 서로의 모든 점들을 꿰뚫어 보는 듯한 모자 관계는 <시네마 천국>(*Cinema Paradiso*, 1988)의 토토(Toto)와 알프레도(Alfredo)를 상기시킨다. 새미는 어머니라는 영원한 관객을 두고 영화 만들기에 진심이다. 그러던 가운데 새미는 할머니를 떠나보내며 우울해하는 미치를 위해 캠핑에서 보낸 시간을 촬영한 영상을 편집하여 영화로 만들기로 결심한다.[4] 새미는 캠핑 영상을 밤

4 스필버그의 아버지는 스필버그가 12살 때 8mm 카메라를 선물해주었고 스필

새 편집하는 가운데 어머니가 캠프에서 불륜을 하는 장면을 보게 되고 큰 충격을 받는다. 새미는 배신감에 미치를 외면하고 이 사실을 모르는 미치는 새미에게 화가 쌓여간다. 지속되는 미치와의 갈등 끝에 새미는 캠핑 영상을 미치에게 보여준다. 미치를 위해 헌정하고자 했던 새미의 '두 번째 영화'는 이처럼 불명예스럽다. 아들의 열정을 배신으로 좌절시키고 자신의 행동으로 인해 새미가 받았을 상처를 상상하며 자책하는 미치에게 어린 새미는 아버지에게 꼭 비밀을 지키겠다며 미치를 달래주는 성숙함을 보인다. 새미와 미치의 모자 관계는 마치 *A.I.*(2001)에서 어머니 모니카(Monica)를 위해 모든 것을 희생했던 데이비드(David)의 모습과 오버랩된다.

피아니스트였던 스필버그의 어머니는 바흐(Johann Bach)의 피아노 협주곡 <아다지오>(Adagio)를 자주 연주했다고 한다.[5] 그래서

버그는 가족들을 배우로 캐스팅해서 줄곧 영상을 촬영했다. *E.T.*에서 엘리어트(Eliot)가 체온계를 전구에 달구어 아프다는 핑계를 만들어서 고의적으로 결석하는 이야기는 본인의 이야기를 담은 것이라고 한다("천재 영화 감독 스티븐 스필버그", 『샘터』, 1998.3월호, 143-154). 엘리어트는 어린 시절 전기 수리공이었던 아버지의 출장으로 인해 잦은 이사를 다녀야했던 스필버그의 어린 시절을 대변하기에 영화 속 엘리어트도 늘 이사를 다니면서 친구와의 적응 등으로 고민한다.

5 스필버그의 이웃은 스필버그에 대해 이렇게 추억한다; 어린 시절 압력밥솥이 폭발하는 모습을 보고 멋있다고 생각했던, 남들이 보기에는 괴짜 같은 아이였고 스필버그의 어머니는 그의 장난에 대해 관대하게 이해해주었다. 가끔은 저돌적이고 상상력이 풍부한 그의 성격을 응원해준 스필버그의 어머니가 있

미치의 모습에는 그의 어머니에 대한 추억이 투사되어 있다. <아다지오>를 편곡한 잔잔한 피아노 연주곡[6]이 영화 속 테마곡으로 사용되는데 이 곡을 현장에서 들은 스필버그는 어머니에 대한 생각으로 눈물을 흘렸다. 스필버그가 마음속에 품었던 어머니의 잔상은 새미에게 이입된 그의 자아를 통해 언제나 미치에게로 향한다. 청소년기에 접어든 새미는 캘리포니아에 있는 고등학교에 진학하게 되고 모니카라는 첫 사랑을 만난다. 스필버그는 *A.I.*의 모니카를 아직 떠나보내지 못한 것 같다. 마치 데이비드로 투영되는 듯한 새미에게 첫 사랑은 또 다시 동명이인인 '모니카'이다. 스필버그의 작품에 두 번이나 등장하는 모니카라는 존재는 아마도 스필버그의 내면에 존재하는 어머니로 추정해볼 수 있다.

스필버그의 작품에는 유난히 부모나 사랑하는 연인 등과의 이별을 다루는 스토리가 많다. <더 파벨만스>에서 재소환된 동명이인의 모니카는 새미에게 첫 키스를 하는 방법까지 알려주는 따뜻하면서도 대담한 성격을 지닌 인물이다. 그러나 <더 파벨만스>에서도 주인공과 모니카의 사랑은 이루어지지 않는다. 모니카와의 이별은 부모님의 이혼으로 연결되고 새미는 부모의 이혼이 가슴 아프지만 행복을 찾아 떠나는 미치를 응원한다. 새미 부모님의 이혼

었기 때문에 스필버그의 상상력이 무한하게 자라날 수 있었다.

6 존 윌리엄스(John Williams)가 편곡한 OST의 곡명은 "Concerto in D Minor, BWV 974: II. Adagio"이다. 윌리엄스는 *E.T.*를 비롯한 수많은 스필버그의 영화 음악 제작에 50년 동안 함께 참여한 음악가이다.

은 스필버그의 자전적 슬픔을 담은 부분이다. 그러나 언제나 좌절하지 않는 스필버그처럼 새미도 점점 커리어를 구축해 나가면서 존 포드(John Ford)와의 만남을 가지게 되고 그를 통해 카메라의 시선에 대한 조언을 듣는다. 포드를 통해 새미는 사람과 사건이 화면의 중심을 차지하는 것이 아니라 "지평선"의 위치야말로 감독의 시선이자 세상을 바라보는 영화 속 세계의 맥락이라는 사실을 인지하게 된다. 그는 포드의 조언대로 로우 앵글(low angle)을 통해 카메라가 움직이게 하면서 힘차게 앞으로 나아간다. 새미의 뒷모습만을 보여주는 엔딩 장면에서 지평선은 화면 하단에 위치하고 핸드헬드를 통해 처리한 듯 화면이 잠시 흔들린다. 유년기에 친구 배우들에게 여러 가지 지시를 하던 감독 새미의 모습은 더 이상 보이지 않고 사라지는 새미의 모습을 멀리서 바라보는 카메라의 시점만이 존재한다. 영화의 시작부터 끝까지 <더 파벨만스>의 주인공 새미는 스필버그의 자화상으로 눈빛 하나에도 스필버그의 감정을 리얼하게 전달하는 듯한 느낌이 든다. 어쩌면 스필버그가 시나리오를 직접 쓴 *A.I.*의 데이비드도 그의 자화상으로 추정해볼 수 있다.

셰익스피어가 그의 마지막 작품 『템페스트』(*The Tempest*)에서 희로애락의 모든 감정을 다 걷어내고 관용과 용서를 강조하였듯이, <인생은 아름다워>(*La vita è bella*, 1997)에서 나치의 유대인 학살이 강행되는 비극적 상황에서도 아버지가 아들에게 "아무리 비극이라고 하더라도 인생은 정말 아름다운 것"이라고 위로하던 모습을 보여주었듯이 삶의 깊은 통찰에는 인생의 아름다운 심미안이

숨겨져 있다. <더 파벨만스>의 새미가 제작한 여러 편의 '영화 속의 영화'들도 그의 성장통의 아픔을 담아내기에 더 아름다운 빛을 발한다.

4-4. 디스토피아 K-호러, <지옥>

2021년 넷플릭스 드라마 <지옥>은 지옥의 사자가 생명이 다한 망자들에게 지옥행을 선고하면서 벌어지는 초자연적 현상과 그 혼란 속에서 부흥한 종교단체인 새 진리회와 이를 둘러싼 사건의 전모를 밝히는 이야기이다. <지옥>은 연상호 감독의 웹툰을 영화화한 작품으로서 갑작스러운 죽음을 받아들여야 할 때 인간이 받아들여야 하는 충격과 이로 인해 발생하는 사건들이 중심을 이루고 창의성 넘치는 스토리 전개와 적나라한 군상 캐릭터의 구축이 세계 관객들의 관심을 사로잡았다. 연 감독의 웹툰을 영화화한 작품으로서 페이셜 캡처(facial capture) 기술을 사용하여 배우들의 섬세한 연기를 디지털화하였다.

<지옥>은 대중적인 장르에 가까운 외피를 입은 스릴러와 오컬트의 조합으로 진행되기에 종교적 색채를 띤다. 그러나 역설적으로 영화는 '신은 죽었다'는 화법을 취하고 선과 악의 경계를 해체한다. 절망만이 가득한 세상에서 사람들은 극단적 공포와 폭력성을 보인다. 과연 '정의가 존재할까'라는 의문을 제기하는 형식의 극적 전개와 사이비 종교에 빠진 사람들의 광기는 군중 심리의 극단을 보여주면서 한국 사회의 아픈 곳들을 들춰낸다. 종종

연 감독이 구현하는 인간이 대항하거나 저항하기 불가능한 초자연적이고 압도적인, 그래서 도저히 거부할 수 없는 미지의 존재나 공포를 지칭하는 코즈믹 호러(cosmic horror)는 미지의 공포를 통해 인간의 나약함을 보여주는 역할을 한다.

<지옥>의 원작은 2003년과 2006년에 선보인 연 감독의 애니메이션 작품인 <지옥: 두 개의 삶>이다. <지옥>은 생의 마지막에 느끼는 인간의 공포와 나약함을 세밀하게 묘사하면서, 혼란에 빠진 등장인물들에게서 느끼는 측은지심이라는 보편적 정서를 주로 다룬다. 다만 <지옥>에 등장하는 천사는 기독교나 천주교에 등장하는 천사와는 상당히 다른 이미지로 얼굴만 흐릿하게 보이고 갑자기 사람들에게 등장해서 죽음을 예고하고 홀연히 사라진다. 또한 <지옥>에서는 천사의 등장이 지옥으로 들어가는 입문과 같아서 역설적이고, 저승사자도 전통적인 검은 갓과 두루마기를 입은 형상이 아니라 고릴라의 모습으로 연출된다. <지옥>에서 저승사자는 사람들을 지옥으로 데리고 가는 역할을 하지 않고 사람을 반쯤 정도 죽여놓은 뒤 태워버린다. 이처럼 저승사자가 사람들을 잔혹하게 살해하기 때문에 지옥 보다 저승사자가 더 지옥처럼 느껴진다. 혼란을 틈타 영리를 취하는 종교 집단인 새 진리회는 정진수 의장의 말에 맹목적 믿음을 보이는 단체이며, 정진수 의장을 지키고 그의 뜻을 설파하기 위해 모인다. 새 진리회와 비슷한 성격을 지닌 급진 단체인 화살촉은 새 진리회와 더불어 집단 광기를 보여준다. 인터넷 방송을 통해 새 진리회와 화살촉을 옹호하

는 BJ와 온라인 미디어에 쉽게 노출되는 청소년들이 점점 폭력적으로 변해가는 모습은 새로운 세상을 설계하려는 어리석은 군중의 모습으로 상징된다. 이들은 현실의 일베와 같은 커뮤니티처럼 자신들이 믿는 바가 진실이라고 믿는 모습을 보이고 결국 이들의 행선지 없는 방황은 허망한 결말로 귀결된다. 예고 없이 점점 사람들이 사라지는 현실에 처한 인간의 모습은 한치 앞도 볼 수 없는 개미와도 같은 존재처럼 묘사된다.

어찌할 수 없는 무력감이 지배적인 작품의 구도 속에서 종교 장르의 외피를 입은 작품은 일본 애니메이션 <데빌 맨>(*Devil Man*, 2004), 할리우드 영화로는 <버드 박스>(*Bird Box*, 2018)와 비슷한 양상이다. 눈에 보이지 않는 미지의 공포가 엄습하면서 혼돈에 빠지는 세상은 공포의 실체를 마주한 사람들이 광기의 에너지를 전파하고 서로를 감염시키는 양상, 스스로 목숨을 끊는 불행으로 이어진다. <데빌맨>의 경우는 포스트 아포칼립스 장르의 전형을 가지고 있으며 그 이 후 <최종병기그녀>(*最終兵器彼女*, 2006)과 <에반게리온: 파>(*Evangelion: 2.0 You Can (Not) Advance*, 2009)의 제작에 영향을 미쳤다. <지옥>의 화살촉처럼 <데빌맨>에서도 점점 광기에 집착하는 사람들이 등장하여 악마를 잡겠다는 명문으로 닥치는 대로 이웃 주민들을 살해하여 참수 후 그 머리를 들고 다니면서 축제를 벌인다. 광기가 가득한 작품은 그 광기의 에너지만으로 관객들을 매료시키고 진실과 현실의 무가치함을 강조한다. 이와 비슷한 양상을 지닌 <버드 박스>에도 눈에 보이지 않는 공포의 등장으로 세상은 혼돈에 빠진다. <지옥>도 천사나 저승사자의 공포에 휘말리는 사람들이 점점 생명에 대한 의지를 잃고 목숨을 포기하는 양상을 보인다. 연 감독은 갑작스러운 죽음을 받아들여야 할 때 인간이 받아들여야 하는 충격과 이로 인해 발생하는 사건들을 상상했다고 언급하면서 작품의 기획 의도를 여러 매체 인터뷰를 통해 밝힌 바 있다. 김현정은 "<지옥>은 독창적인 스토리텔링과 캐릭터 구축으로 호평을 받았고, 극단적 재해 상황에서 가족애를 통해 이를 극복하고자 하는 극복의 심리와 군중의 집단 이기심을 강조한 스토리텔링으로 세계적인 인기몰이에 성공했다"(229)고 흥행의 이유를 분석했다. 또한 종교와 인간의 관계는 기원전부터 존재했기 때문에 종교는 인간의 모습을 드러내는 효과적 장치이다.

[사진 10] <지옥> 포스터(넷플릭스 제공)

연쇄 살인, 사이코패스, 사기, 아동 학대 살인, 데이트 폭력, 존속 살해, 층간 소음 살인 등 2000년대 이후 범죄의 양상은 디지털 사회의 발전과 더불어 더욱 다양한 양상으로 늘어나는 양상이다. 과거의 생계형 범죄보다 분노 범죄, 묻지마 범죄 등이 급증하는 가운데 사람의 양심이나 도덕으로는 도저히 이해가 되지 않는 강력 범죄에 대중의 경각심이 높아지고 있다. 시청자들은 각종 커뮤니티를 통해 범죄자와 피해자에 대한 개인적인 의견들을 서로 공유하고 이러한 시청자들의 관심을 감지한 많은 방송사들이 범죄 프로그램의 제작에 심혈을 기울인다. 범죄 장르는 사람들의 흥미를 자극하는 주제를 다루고 점차 잔인하고 지능화되는 범죄에 대한 시청자들의 높아진 관심에 부응하고 있다. 이러한 추세에 발맞추어 범죄 장르는 예능과 범죄를 결합하는 시도를 한다. 본래 범죄 이슈를 다루는 장르의 원조격으로는 영화나 소설, 웹툰 등을 들 수 있는데 최근 발생하는 범죄의 양상은 과거의 단순 폭력 범죄 보다 오히려 학원 폭력, 사이버 범죄 등 다양한 양상을 통해 발생하므로 이들의 특이사항을 재연하는 범죄 장르물들이 더욱 인기를 얻고 있다.

역사적으로 공포물과 범죄 영화가 할리우드를 중심으로 전 세계적으로 흥행할 수 있었던 이유는 극적 현실의 허구와 스릴감에서 비롯되었다. 예를 들어 히치콕의 <Psycho>(사이코, 1960)는 범죄 현장을 목격하게 되는 시청자의 관음증을 충족시켜준 작품이다. 스크린 안에서 벌어지는 범죄가 현실의 나와는 거리감을 확보하고 있기 때문에 '안전한 스릴감'이 충족되었기 때문이다. 또한 과거 MBC 최장수 범죄 수사 국민 드라마였던 <수사반장, 1971-1984>을 떠올려보면 <수사반장>은 실재 사건을 토대로 경찰과 형사들의 협업을 통해 범인을 검거하는 과정을 그린 드라마였다. 당시에는 생계형 절도 범죄가 많았기 때문에 대부분 가난이 범죄의 주요 원인으로 등장하여 피해자와 가해자가 동시에 시청자들에게 연민의 정서를 자극하였다. 그리하여 범인들도 피해자 가족에게 미안함을 표현하고 피해자 가족들도 범인의 사정을 이해해주고 범인의 개과천선을 바란다는 정서를 담았다. 인간은 누구나 측은지심을 지니고 있지만 한편으로는 드라마 속 주인공의 불행이 나의 것이 아니라는 안전한 심리적 거리감도 즐긴다. 이것이 양가적인 인간의 보편적 심리이다. 타인의 불행을 시청하는 관점에서 나의 안전을 확인하면서 안도하는 인간의 심리를 활용하는 것이 최근 범죄 장르의 기획 포인트이다. 예를 들어 대학가 퍽치기 살인, 고유정이나 조주범 등의 범죄는 현실의 규범 질서로는 이해하기 힘든 범죄이다. 이를 목격하는 사람들은 자신의 비극은 아니기에 그 사건을 어떻게든 관찰하고 나름의 해석을 내려보고픈 욕구가 발생한다.

<지옥>의 범죄 장르 경향에 대해 박명진은 "연상호는 이 드라마에서 증오와 정동이 무한대로 전염되고 내면화되는 양상을 통해 좀비 서사보다 상황이 더 심화되었음을 보여준다"(249)고 <지옥>을 평가한 바 있다. 사람이 죽어야만 가는 곳이 지옥이 아니라

현실이 지옥으로 묘사되는 모습은 마치 MZ 세대들이 한국을 "헬조선"이라고 부르는 현상을 상기시킨다. <지옥>의 영문 제목이 "Hellbound"인 점은 죽음의 공포에서 벗어나기 위해 사람들이 향하는 행선지가 "지옥"—즉, 파국적인 탈출구 없는 현실의 적막을 상징한다고 해석할 수 있다.

5. 트랜스미디어 스토리텔링과 트랜스휴머니즘 : <서복, 2021>

그리스 로마 신화 뿐만이 아니라 어느 나라에서도 신화가 없는 곳은 없을 것이다. 시공간을 넘나드는 인류의 꿈과 상상력, 그리고 구전 설화 등을 현재적 시점에서 구현하는 것은 일종의 디지털 스토리텔링의 방법으로서 인문학의 지평을 확장하는 미래지향적 상징성을 띤다. 앞서 언급하였던 <정글북>과 <모글리>의 경우처럼 국내 OTT 티빙(TVING)에서 상영된 <서복>은 진시황(秦始皇)의 집권 시기에 불로초를 구하기 위해 동아시아를 답사했던 서복(徐福)의 구전 설화를 재해석한 영화이다. 고대 설화와 현대 영화와의 비교는 동아시아 설화 속에 존재했던 서복 설화의 의미를 현 시점에서 재고찰하는 의미를 부여한다. 서복은 당시 지금의 한국, 중국, 일본을 오고 간 것으로 이동 경로가 역사에 기록되어 있고 서복과 진시황의 불로초 찾기의 모험은 후대 사회에도 영생(靈生) 추구의 키워드로 읽혀왔다.

의학 기술이 발달한 현재에도 서복의 영생 추구는 현대인들에게 일종의 대리만족적 욕망 추구를 투사하며 환경오염 등으로 건강에 신경을 쓰는 현 시대에도 다시 주목받고 있다. "불사약(不死藥)을 구하기 위하여 입해구선(入海求仙)하였다는 진시황 집권 당시 서복 설화를 두고 현재 한국, 중국, 일본 세 나라가 동아시아 고대 문화 교류의 차원에서 새로운 관계망을 모색 중이다"(김일권 35). 서복 일행의 동아시아로의 출항은 진(秦) 나라 또는 진시황의 동방 개척의 일환으로서 동아시아에 많은 변화를 초래하였으며 당시의 동아시아 상황과 해양 교류의 맥락에서 서복의 이동을 이해해야 한다는 주장이 생겨나고 있다. 삼신산(三神山)[7]이 서복 설화에서 자주 언급되는 점을 미루어 그들의 첫 목적지는 고조선 멸망 후 삼한, 부여, 위만 조선 시기의 한반도이었을 것으로 추정된다. 진나라의 통일 이후 서복 일행의 한반도 상륙은 당시 두 국가들 사이에 형성된 교류의 시작을 상징한다. 당시는 역사적으로 환-황해 문화권 형성이 이루어졌던 시기로서 한반도 이후 서복은 왜국으로 넘어가면서 야요이 문화(弥生文化)에 영향을 준 것으로 기록된다. 야요이 문화는 당시 중국과 한반도의 농업과 금속 가공 기술 등을 받아들였고 그 후 대외 교역을 통해 동아시아의 다양

---

7 문화재청에 정의에 따르면 삼신산이란 신선 사상이 창조해 낸 이상향으로, 봉래·방장·영주의 세 선산(仙山)을 말한다.

한 문화를 수용하였다.

일본 열도에서 서복이 등장했다는 전설이 있는 25곳 가운데 일본의 영적 고향으로 불리는 와카야마(和歌山県) 현에 위치한 남부 지방에는 서복의 무덤, 그림과 한시 등이 전시되고 있다. 또한 서복이 종이를 만들었던 기술도 전승되고 있으며 그가 만리장성을 본보기로 삼아 쌓은 돌담 설화도 전해진다. 이처럼 서복 설화는 동아시아 전반에 전승되었고 그 영향도 상당함을 추론해볼 수 있다. 또한 당시 동아시아안들이 문화 교류와 공감대를 형성하면서 역사와 가치관 등을 공유했음을 짐작할 수 있다. 서복은 역사에서 동아시아 교류를 스스로 실천하였고 진나라의 문화를 외부로 전달한 외교인으로서도 능력이 탁월했다고 여겨진다. 전승되는 서복 설화를 통해 서복의 여정을 추적해보면 서복의 여정은 자의가 아니라 타의로 인해 발생한 것이므로 그의 탐험은 일종의 진시황을 위한 '희생 제의'라고 할 것이다. 이처럼 희생 제의가 함의된 작품들은 행복을 추구하는 경향이 있다. 희생을 통해 사회가 안정되는 서사를 지니는 희생 제의는 주로 신화나 민담에 등장하면서 대부분 신에게 명과 복을 빌면서 무언가를 그 대가로 바치는 양상이다.

[사진 11] 서귀포 정방동에 있는 서복 전시관 입구

(병마용 진용(秦俑)의 복제품을 좌우에 전시해 놓았다. 출처: 디지털서귀포문화대전)

영화 <서복>은 일종의 희생 제의 서사의 형식으로 전개된다. 줄기세포 복제와 DNA 조작으로 실험체 복제인간을 만든 서인 그룹은 죽음을 초월하고자 하는 인류의 욕망을 실현시켜 줄 수 있을 복제인간의 이름을 '서복'이라고 명명한다. <서복>은 복제인간인 서복의 희생 제의를 통해 인간이 망각하고 있는 윤리적 이슈를 부각시킨다. 복제인간으로 등장하는 서복이라는 포스트휴먼의 유의미한 행동을 통해 인간의 무책임한 복제인간 개발은 비판받으며 책임이 따른다는 점이 강조된다. 서복은 인간의 욕심으로 창조된 희생양으로서 스스로 자신의 목숨을 끊음으로써 스스로를 구원하고자 하는 자발적 의지를 지니고 있는 포스트휴먼이다.

"트랜스미디어 스토리텔링"이라고 불리는 스토리텔링 양식은 최근에 다양한 플랫폼을 통해 하나로 연결되는 세계관을 다채롭게 구성해낸다. 트랜스미디어 스토리텔링은 다양한 매체를 통해 재현되는 독특한 방식을 지니고 있지만 그 가운데 공유되는 이야기가 공통의 소재이다. 예를 들어 <설국열차, 2013>의 경우에도 프랑스의 만화를 토대로 제작되었는데 그 근원을 추적해보면 "홍수 설화"가 원천이다. 성서에 등장하는 노아의 방주를 모티브로 한 홍수 설화는 전 세계적으로 분포되어 전승되는 양상이다. 그렇다면 현 시점에 이르기까지 서복에 대한 설화가 전승되고 재논의되는 이유는 무엇일까? 그동안 영화 <서복>에 대해서는 포스트휴머니즘의 입장에서 복제인간을 해석하려는 시도는 있었으나 고전 설화에서 영감을 얻어서 제작된 영화 <서복>과의 관계를 연구하려는 선행 연구는 없었기에 본 저서는 서복 설화와 영화 매체를 연결한 트랜스미디어 스토리텔링 연구를 통해 현 시점에서 서복 설화를 어떻게 해석해야 할지에 관해 하단의 챕터를 통해 비교해본다.

5-1. 동아시아 공감 설화: 영생과 장수(張需)

동아시아는 같은 한자 문화권에 속하면서 문화와 역사에서 많은 부분을 공유하고 연대감을 형성했다. 중국과 일본에서 서복을 다루는 이야기는 서복 학계가 존재할 정도로 연구 대상이 되었고 한국에서도 그에 대한 설화가 남해나 서귀포 자치 단체를 중심으로 이루어진 바 있다. 서복 이야기는 장수와 불로초(不老草)라는 신성한 소재를 다루면서 서복의 항해 및 해양 문화, 그리고 진시황의 영생에 대한 집착을 다룬다. 서복은 사마천(司马迁)의 『사기』(史记)에서 진시황이 지녔던 영생에 대한 집착을 들어주고자 노력했던 인물로 등장한다. 서복은 BC 219년(진시황 3년) 불로장생(不老長生)의 욕망을 지녔던 진시황의 명령을 받고 3년에 걸릴 여정 동안 필요한 식량과 배 60척과 5,000명의 뛰어난 기술공, 그 외 3,000명의 노역을 이끌고 긴 여정을 시작했던 진시황의 충신이었다.

진시황은 13세의 나이에 당시 전국 7웅(戰國七雄: 진·조·초·연·한·위·제)의 하나인 진(秦)나라의 왕으로 즉위하고 기원전 221년 39세가 되자 나머지 6국을 모두 점령하여 통일의 위업을 이루었다. 그는 남쪽으로는 광동(廣東), 광서(廣西), 안남(安南)을 정복하고 계림(桂林), 남해(南海), 상군(象郡)에 삼군을 설치하고, 서쪽으로는 사천(四川), 감숙(甘肅), 귀주(貴州)를 복속시키면서 중국의 경계를 넓혔다. 그는 스스로 자신을 시황제(始皇帝)라 칭하면서 진나라와 더불어 자신의 생명도 영원하기를 욕망하기에 이르렀다. 사기(史記)의 기록에 따르면 서복은 불로초에 지대한 관심을 보였던 진시황에게 "동방에 삼신산이 있는데 그 이름은 봉래(蓬萊), 방장(方丈), 영주(瀛洲)이며 신선들이 살고 있다고 합니다. 신선들이 삼신산의 불로초를 채취하여 먹기에 그들은 영원히 산다고 합니다. 불로초는 영물(靈物)이오니 소인에게 동남동녀 각각 1,500명과 백공(百

工), 그리고 오곡의 씨앗을 주신다면 불로초를 채취하여 대령하겠나이다"라고 건의했던 것으로 기록된다.

한반도에 남겨진 서복의 자취는 서귀포 소재 조천석(朝天石)과 정방폭포[8]에 새겨진 마애각자(磨崖刻字), 남해 금산(錦山) 상주리 소재 각석문(刻石文), 전남 구례(求禮) 서시천(徐市川) 등 여러 바위 글자들을 통해서이다. 『한국구비문학대계』(韓國口碑文學大系)에는 서복이 제주도 한라산을 비롯하여 남해안 등을 이동하면서 왜국으로 이동했다는 설화가 전해진다. 일본 와카야마(和歌山県) 현에는 서복의 무덤이라 전해지는 곳에 묘비가 있는데 역사학자들은 그가 한국을 거쳐 미국으로 이동한 것으로 추정한다. "서불과차"(徐市過此)라는 글자가 새겨진 암각문(岩刻文) 형태는 그의 자취로 간주된다. 남해군 금산 상주리의 야산 기슭에 있는 거북바위에 새겨진 암각문은 상형문자의 양상을 띠고 있다. 국내에서 서불 설화가

---

8 정방폭포의 암벽에는 "서불과지"(徐市過之)라는 글자가 새겨져있다. "김정희(金正喜)가 제주도 유배 생활을 하는 동안 정방폭포의 마애각자를 탁본하고 정학교(丁學敎)가 발문을 썼다는 기록이 있다"(김일권 44). 서복은 정방폭포에서 며칠 머물다가 떠난 것으로 기록된다. 서복 일행은 한라산의 백록이 있는 근처에서 영초를 찾았다고 보고 그 약초를 캐서 내려오는데 옥금 소리에 취해서 내려온 곳이 정방폭포라고 전해진다. 서귀포(西歸浦)에는 서복이 한라산을 찾아 정방폭포 해안에 닻을 내리고 한라산에 올라 불로초를 찾았다는 민담이 전해지고 "서귀포"라는 어원이 "서복이 서쪽 방향으로 돌아갔다"는 의미에서 비롯된다고도 전해진다. 한국의 경우 서복 설화에 대해서 2,000년대 이후로 연구 중이다.

나오게 된 진원지는 서귀포인데 조선의 역사에서도 그 진원지를 찾아볼 수 있다. 지금의 한라산을 삼신산 중 하나인 영주산(瀛洲山)으로 지정하려던 논의가 조선 성종(成宗) 시기에 편찬된 『동국여지승람』(東國輿地勝覽, 1462)에 등장하는데 당시 조선인들은 한라산을 불로초가 서식하는 선산(仙山)으로 보았다."(김일권 44)

이익(李瀷)의 『성호사설』(星湖僿說, 1760)에서 조선은 공자(孔子)도 살고 싶어했던 곳이기에 당시 중국인들은 낙지(樂地)라고 언급하였던 점을 기록하였다. 또한 당시에 서복이 찾아나선 삼신산은 금강산(金剛山), 지리산(智異山), 한라산(漢拏山)이라고 기록하였다.[9] 또 달리 문헌상 남아있는 서복에 대한 기록으로 찾아볼 수 있는 것은 이곡(李穀)의 아들인 이색(李穡)의 『색은집』(索隱集, 1404)을 통해서이다. 『색은집』에는 "유해천저망유안"(遼海天底望幼安) "부상일출사서복"(扶桑日出思徐福)이라는 싯구가 있는데 고국을 떠나 타지에 살던 서복이 지녔던 가족에 대한 그리움을 담은 것으로 추정되고 있다. 강항(姜沆)의 『수은집』(睡隱集) 중 간양록(看羊錄)에는 "진시황 때에 서복이 동남동녀를 데리고 바다로 들어갔다가 왜의 기이주(紀伊州) 웅야산(熊野山)에 이르러 멈추었다. 웅야산에 서복사(徐福祠)가 아직 있으며 그 자손들이 지금의 진씨(秦氏)가 되었다"는 기록이 남겨져 있다고 기록하였다.

---

9 이수광(李睟光)은 『지봉유설』(芝峰類說, 1614)에서 금강산은 봉래산(蓬萊山), 지리산은 방장산(方丈山), 한라산은 영주산(瀛洲山)이라고 소개한다.

연암(燕巖) 박지원(朴趾源)의 『열하일기』(熱河日記, 1900)에는 일본의 학문이 서복에서 시작되었다는 기록이 있으며 조명채(曺命采)의 『봉사일본시문견록』(奉使日本時聞見錄, 1748)에도 일본인들이 서복에게 제사를 올리는 이유가 서복으로부터 일본의 학문이 시작된 것을 기념하기 위해서라고 진술한다. "서복은 제(齊) 나라와 노(魯) 나라의 성인, 현인들의 우수한 상품성을 계승하고 이를 한반도와 왜국에 전파했다. 서복은 왜인들에게 벼를 심는 방법, 고래 사냥, 누에를 치고 비단을 짓는 방법, 초약을 채집하여 병을 고치는 방법 등을 가르치는 등 왜국과 한반도의 사회 발전을 추진하고 평화와 행복을 가져다 준 평화의 사자였다."(강루비나 13)

5-2. 서복의 삼신산 불사약 탐험 설화와 영화

"고대의 문명교류 문제를 서복이라는 인물을 통해 21세기의 현재적 관점에서 요청되는 새로운 동아시아 공동의 문화 관계망을 구축하는 것이 동아시아 국들이 지닌 공통된 목표 의식이라고 할 수 있다"(김일권 35). 진시황의 영생 추구와 서복의 기행 등을 통해 끊임없이 풀리지 않는 미스테리는 "과연 불로초를 찾을 수 있었는가?"이다. 불로초는 한약 약재의 하나였지만 정확히 지정되어 표기되지 않았기 때문에 도교의 신선 사상과 천문의 상상력에서 비롯되었다고 추정된다. 서복의 모험담은 설화에 근간을 두고 전승되면서 신화형 문학 형성에 기여하였고 다른 모험담 형식의 문학 발전에 영향을 미쳤다. 불로초는 인간이라면 누구나 욕망하는 불멸을 이루어줄 대상체이자 상상의 약초이다. 어쩌면 진시황은 불로초라는 표시자를 내세우면서 스스로 신선이 되고자 욕망한 것인지도 모른다. 또한 진시황과 서복에 대한 지속적인 궁금증은 삶의 무상함에 공감하고 영생을 꿈꾸는 모든 이들의 욕망에서 비롯되었다고 할 수 있다. 유전공학과 DNA 복제 및 조작 기술이 최첨단화된 21세기에도 생명 장수의 꿈은 지속되듯이, 삶의 유한성을 극복하기 위한 도전은 과거의 고전 문학 뿐만 아니라 첨단 과학 기술 시대에서도 이어지고 있다. 서복 설화의 구전 스토리텔링은 동아시아만의 글로컬 문화 형성을 가능하게 하였을 뿐만 아니라 웰빙이나 바이오공학과 접목되면서 관심도가 현재까지 지속 중이다.

장수나 영생에 대한 희망을 다룬 중국 영화로 <진용>(秦俑, 1989)은 불로초 원정대가 탐험을 하면서 형성해가는 러브 스토리를 다룬 작품이다. <진용>은 진시황의 명령으로 제조하게 된 불로약을 먹고 영생을 얻게 된 몽천방이라는 진시황의 무사가 3천 년 동안 죽지 않고 살아가는 이야기를 다룬다. 원제는 "고금대전 진용정"(古今大戰秦俑情)으로 진시황의 충신인 몽천방이 궁에서 만난 동아라는 궁녀를 만나면서 사랑에 빠지는 이야기가 주요 줄거리이다. 진시황의 야욕을 두려워한 약사들은 불사약을 제조했음에도 불구하고 그 약을 시냇가에 버리고 우연히 그 물을 마신 말과 병사들은 불사의 몸이 된다. 후에 이 사실을 알게 된 진시황은 분노하여 불로약의 진실을 숨긴 이들을 진흙 인형으로 만들어 병마용으로 생매장해버린다. 진흙 인형이 되었지만 이미 불사약을 먹은 이들은 진시황 사후 진시황의 무덤을 지키는 병마용으로서 황제의 무덤을 지킨다. 이들과 같이 병마용이 된 몽천방도 우연히 동아가 준 불로약을 먹게 되지만 동아는 진시황의 사면을 받지 못하여 화형에 처해진다. 그 후 2천년이 지나 몽천방은 진시황의 무덤을 도굴하는 무리들에 의해 깨어나고 다음 생에 환생한 동아를 만난다. 그러나 동아는 몽천방을 알아볼 수 없고 도굴하는 무리들과 다투는 과정에서 총상을 입어 다시 죽음을 맞이한다. 죽음의 문턱에서 몽천방을 알아보는 동아는 다음 생을 기약하자는 유언을 남기고 다시 60년 후 이들은 진시황의 무덤에서 재회한다.

[사진 12] 영화 <진용> 포스터

5-3. 영화 <서복>의 스토리텔링

서복은 진시황의 영생을 향한 욕망을 실현해주고자 했던 충신이었고 OTT 영화 <서복>은 인간 본연의 죽음을 극복하고자 하는 열망을 '서복'이라는 이름을 지닌 인간복제 실험체를 통해 표현한다. 복제인간인 서복을 경호하는 前 정보국 요원인 민기헌은 사람과 100% 일치하는 외모와 감성을 지닌 서복을 보면서 포스트휴먼 존재에 대해 의구심을 지닌다. 복제인간을 개발하는 서인 그룹의 연구소장인 신학선은 민기헌에게 서복에 대해 과학적 지식을 통해 설명해준다.

> **신학선:** 저걸 인간이라고 부를 수 있을지 모르겠어요. 인간에게는 없는 특별한 유전자를 가진 존재입니다. 어쩌면 새로운 종이라고 해야겠지요. 서복은 죽지 않는 존재입니다. 서복의 IPS 단백질로 인간의 많은 질환을 치료할 수 있습니다. 서복을 통해서 인간의 죽음을 정복할 수 있게 된 것이지요. 다만 서복은 인간보다 굉장히 높은 뇌파를 가지고 있는데 그래서 주변의 압력을 조정하는 것이 아닐까하고 추측하는 정도입니다.

신학선은 인간 복제 실험체에게 서복이라는 이름을 지어주게 된 동기를 이렇게 소개한다.

> 이름은 서복입니다. 200년전 즈음 진시황의 명령으로 불로초를 찾아 떠났던 서복이라는 이름의 신하가 있었지요. 죽음을 극복해내려는 인류 의지를 상징하는 인물이라

그 이름을 빌려서 이름을 서복이라고 지었답니다. 서복은 그러니까 영생하는 존재이지요.

서복은 고대인이 아닌 현 시점을 살아가는 포스트휴먼 개체로서 역사에서 재복원된다. 그러나 서복은 단순한 DNA 복제로 탄생한 것이 아니라 변형을 거쳐 개량된 개체로서 현대 과학이 낳은 고유한 기술 문명의 산물이다. 서복은 서인 그룹 연구소 임세은 박사의 아들인 한경윤의 유전자 복제와 변형을 거쳐 탄생했고 영생을 허락받은 개체이다.

서복은 인류 최초의 복제 인간 실험체로 급부상하면서 많은 이익 집단으로부터 안보의 위협을 받는다. 임세은 박사의 아들인 한경윤은 임세은이 남편과 함께 고통사고로 잃은 아들이고 서복은 인공 실험을 통해 탄생한 포스트휴먼 개체로서 임경윤과 상당 부분 닮아있다. 이처럼 영화는 과학 기술 문명의 개입으로 탄생한 인공 임신과 복제 인간에 관한 서사를 반복한다. 신학선은 극중

[사진 13] <서복> 포스터(티빙 제공)

에서 매우 현실적이고 냉철한 인물로서 서복을 대명사 '그'가 아닌 '저것'으로 표현한다.

<서복>을 연출한 이용주 감독은 다수의 미디어 인터뷰를 통해 <서복>을 통해서 인간이 지닌 두려움의 감정을 표현하고자 했다고 밝힌 바 있다. 두려움은 주로 민기헌을 통해 살펴볼 수 있다. 민기헌은 점점 다가오는 자신의 죽음 앞에서 괴로워하고 어떻게든 생명을 연장해보고자 한다. 민기헌은 뇌종양으로 인해 1년 앞으로 다가올 자신의 죽음을 직면하고 현실을 부정하지만 어떻게든 살아남고 싶어한다. 이 가운데 서복을 경호하는 업무를 담당한 민기헌은 서복이 보유한 IPS 단백질을 통해 임상 치료로 자신의 병을 치료할 수 있을 것 같다는 신학선의 제안에 희망을 가진다.

"사람들 참 겁 많죠? 욕심도 많고" 임세은 박사가 민기헌에게 건네는 대사는 인간 모두에게 해당되는 진술이다. 서복은 사람들의 다양한 욕망을 실현하는 대안체이며, 임세은 박사의 기억 속에 있는 아들을 되살리고 싶은 박사의 욕망도 서복에게 투영되어 있다. 실험실에서 서복은 임세은 박사에게 "엄마는 의사가 되고 싶어서 의사가 되었잖아. 나도 무언가가 되고 싶어도 되?"라는 존재론적 의문을 던진다. 자신의 존재 이유를 궁금해 하는 서복은 실험실 밖을 벗어난 적이 없어서 외부의 경험이나 기억이 없기에 사고의 폭이 제한적이다. 그럼에도 불구하고 자신의 존재에 대한 생각을 하는 것으로 보아 그는 사람들처럼 생각하고 판단하는 능력을 지니고 있음을 짐작해볼 수 있다.

실험실에서 벽면의 스크린에서 보이는 바다의 이미지만을 바라보는 서복과는 달리 <서복>에 등장하는 대부분의 다른 등장인물들은 자신의 욕망 추구에 급급한다. 정보국 요원들은 정권의 보안과 유지를 위해 서복을 미국으로 보내려고 하고 서인 그룹은 이익 집단으로서 영리를 추구하기 위해 서복의 생명을 하찮게 여기고 언제든 그들에게 불필요한 상황이면 사살을 명할 정도로 잔인하다. 서인 그룹은 회사의 목표가 "미래를 준비하는 연구"라고 대외적으로 공표하지만 영생의 삶에 집착하는 회사의 고객들이나 투자자들로 인해 회사는 점점 비리의 온상으로 변해간다. 결국 정부 조직과 이익 집단의 대결 구도는 서복의 신변을 점점 위협하고 결국 두 집단은 서로의 이익 추구를 위해 서복을 없애고자 한다. 이 과정에서 생명을 연장하고자 하는 회사의 기업 이념은 점점 본질과는 멀어지고 오히려 불필요한 희생만을 초래할 뿐이다.

한편 서복은 이들과는 달리 욕망 추구와는 전혀 거리가 먼 인물로서 임세은 박사를 어머니로 인지하고 자신과 처음 소통을 시도하는 민기헌에게 상당한 공감을 느낀다. 서복의 외모가 인간과 거의 동일한 점에 대해 민기헌은 모호한 감정을 느끼지만 자신의 감정을 헤아려주는 서복에게 점점 이끌린다. 서복은 민기헌에게 삶의 동기가 무엇인지, 영면과 죽음의 차이에 대해 묻기도 한다. 서로의 운명에 대해 이야기를 나누면서 서복은 "저도 무언가가 되고 싶었답니다. 누군가에게 의미가 되어주는 무언가요. 그냥

그것뿐이었어요"라고 말하면서 눈물을 흘린다. 민기헌과의 교류를 통해 점점 인간의 감정을 지니게 된 서복은 막연히 그동안 자신이 느낀 슬픔의 감정을 표현한다. 인생의 의미를 진지하게 고민하는 서복은 임세은 박사로부터 듣지 못했던 자신이 세상에 존재하는 의미를 스스로 찾아보고자 노력한다. 서복이 민기헌을 향해 묻는 질문들은 어쩌면 삶의 의미를 상실하고 방황하는 우리 모두를 향한 질문이다.

그러나 서복은 하나의 기계에 불과하기에 그의 영생은 사실 조작자의 결정에 따라 종속되는 운명이다. 즉, 그는 스스로 "욕망하는 기계"가 되기를 원하나 그의 몸은 소위 "기관 없는 신체"나 다름없는 환영과 같은 존재이다. 이처럼 인간의 주체성에 관한 탐구는 철학자들도 끊임없이 탐구해왔던 바인데, 특히 포스트휴먼 시대에서 인간의 주체성은 좀 더 구분이 모호해지는 양상이다. 예를 들어 영화 <터미네이터>(*Terminator,* 1984-2019) 시리즈를 살펴보면 인간과 사이보그의 대비로서 진정한 인간이란 무엇인지를 지속적으로 고찰해보고자 하는 시도를 보였다. 마블 시네마틱 유니버스(Marvel Cinematic Universe)를 통해 세계인들에게 큰 인기와 공감대를 형성하고 있는 마블 시리즈 역시 인간과 포스트휴먼의 경계에 의문을 제기한다. 이들 영화들은 멀티버스 세계관의 토대에서 레플리컨트(replicant), 인간과 외관의 형상이 동일한 사이보그가 인간인지 포스트휴먼인지 그 사이에서 경험하는 혼란을 재현한다. 이들 사이보그 소재를 다루는 영화들의 제작이 비단 인간 주체성의 소멸이나 인간 본연으로 돌아가자는 인본주의에 대한 향수만은 아닐터, 인간과 포스트휴먼의 경계는 이미 사라졌고 사이보그는 인간에 의해 정의되고 조작되는 타자(他者)만은 아니라는 점에 주목해야 할 것이다. 즉, 사이보그는 인간이 창조한 인간 보다 한 단계 더 진화된 포스트휴먼으로 받아들여질 필요성도 있으며, 이러한 멀티버스는 이미 푸코(Michel Foucault)가 "헤테로토피아"(Heterotopia)라고 정의한 바 있다. 그리고 인간은 모두 사이보그라고 선언했던 해러웨이(Donna Haraway)의 주장에서도 살펴볼 수 있다. 서복이 재현하는 레플리컨트의 모습은 좀 더 인간에 가까운 영역의 양상을 띤다. 민기헌을 만나기 전에 실험실에서 갇혀 오랜 고독의 시간을 보냈던 서복은 활기찬 시장에 나오면서 새로운 음식을 먹고 옷과 신발도 고르고 사람들을 만나면서 마치 태생적으로 자신이 인간인 듯 느끼고 행복을 느낀다. 그 가운데 서복은 민기헌이 죽음에 대해 지닌 두려움을 읽어내면서 민기헌이 시한부 인생을 살고 있다는 사실을 인지한다. 정보국 요원이 민기헌의 두려움을 이용하고자 했던 점과 대조를 이루면서 서복은 자신을 인격체로 대우해주었던 민기헌의 진심에 답례하고픈 인간보다 더 인간다운 심성을 발휘한다. 매일 세포 분열의 속도가 빨라서 매일 억제제 주사를 맞아야 하는 서복은 연구소를 이탈함에 따라 각성제를 투여받지 못하면서 갑자기 각혈을 일으킨다. 이때 연구소로 돌아갈 것을 제안하는 민기헌에게 서복은 의문을 던진다.

민기헌: 너 빨리 가서 주사 맞아야 해.

서복: 왜 그렇게 내 걱정을 해요? 그래야 민기헌씨가 살 수 있으니까. 내가 왜 민기헌씨를 살려줘야 해요? **사람**은 어차피 다 죽잖아요.

어느새 서복은 자신을 '사람'으로 정의한다. 인간에게 노화와 질병을 극복할 희망으로 탄생하게 된 서복은 반복되는 실험실의 일상과 영원히 지속되어야 하는 골수 추출에 염증을 느끼면서 민기헌에게 그에게 주어진 영생이 오히려 두렵다는 고백을 한다. 서복에게 의미가 있는 대상은 민기헌 뿐임을 인지하고 서복은 민기헌에게 울산 바다로 갈 것을 제안한다.

민기헌: 울산에 뭐가 있는데?

서복: 아니에요, 민기헌씨는 모르는게 좋겠어요.

어느새 사람 못지 않은 감성을 가지게 된 서복은 울산 바다에서 돌무덤을 쌓고 직접 파도를 손으로 만져보고 그가 지닌 뇌파를 이용해서 바다로 새를 불러모은다. 수면을 해본 적이 없는 서복은 밤 바다에서 시간을 보내면서 민기헌에게 죽지 않으면 과연 행복할지에 대해 물어본다. 민기헌과 찾아 간 울산의 바다는 실험실에서 본 허상의 바다가 아니기에 파도가 일고 바다 내음이 가득한 공간이다. 서복은 직접 대면해 본 바다를 통해 또 다른 감정을 생성한다. 자신이 영생을 얻은 존재라는 것을 인지한 서복은 민기헌에게 "죽는다는 생각을 하는 것이 두렵지만 영원한 삶을 산다는 것도 두려워집니다. 저는 무엇을 믿어야 두려운 감정이 들지 않을까요?"라고 묻는다. 서복 설화에서 무작정 불로초를 찾아 떠난 서복의 심정이 유추되는 대사이다. 영화 <서복>의 서복은 비자발적인 그의 탄생에 대해 점점 동정의 감정이 생겨나는 '페르소나'(persona)이다. 실험실의 개체로 탄생한 서복이 인간의 영생을 실험하는 대상으로 도구화되고 조정되는 점은 그의 정해진 운명이므로 영화 내내 안타까운 심정이 느껴진다.

그 후 오랜 생각 끝에 서복은 민기헌에게 "연구소로 가요. 저는 갈 곳이 없어요. 그래야 형도 살 수 있잖아요"라고 말한다. 서복은 자신의 생명을 포기하더라도 민기헌을 위한 치료제가 될 수 있는 자신의 줄기세포를 제공하기 위해 민기헌에게 실험실로 돌아갈 것을 제안한 것이다. 인간의 감정을 지니게 된 서복은 인간이라면 영생의 삶에 행복을 느꼈을 것이나 그에게 주어진 영생의 특권을 내려놓고 자신의 생명을 타인을 위해 희생하는 모습을 보인다는 점에서 상당히 성장한 '인격'을 보여준다. 연구소로 향하던 가운데 서복은 민기헌에게 "임현 성당으로 데려다줘요. 부탁이에요, 형"이라고 처음이자 마지막 부탁을 한다. 인간에게는 누구에게나 귀소 본능이 있듯이 서복은 자신의 고향을 바로 자신의 생명이 탄생하게 된 근원으로 파악한다. 서복에게 집은 실험실이고 경윤의 유골이 안장된 납골당은 그의 고향이다. 이미 인간 세상을 경험한 서복은 연구실이라는 예전의 집으로 돌아가기에는 현실과 환상의 괴리로 인해 혼란스럽기만 하다. 서복은 영화 초반부에는 민기헌을 "민기헌 씨"라고 호명했지만 영화 중후반 부에서는 그를 "형"이라고 호명한다. 그는 스스로 자신을 인간으로 정의하던 양상을 뛰어넘어 사람과의 관계 맺기에도 주체적이다.

> **서복**: 나에요, 경윤이. 교통사고로 아빠랑 내가 죽고 엄마가 너무 힘들어서 나를 다시 만든거래요. 그러지말지. 그런다고 내가 경윤이가 되는 것도 아닌데.

임현 성당은 한경윤의 유골이 있는 납골당이다. 자신을 이제는 경윤으로 지칭하는 서복은 경윤이 될 수 없는 자신의 현실도 인지하면서 허무함을 토로한다. 연구소로 돌아갈 서복과 민기헌을 기다리는 것은 정보국 요원들과 서인 그룹 회장이 내릴 처분뿐이기 때문이다. 이와는 대조적으로 서복을 기계로 인식하는 신학선은 서복의 골수에서 하루에 40ml 정도의 치료제에 쓰일 DNA를 추출할 수 있어서 한달 동안에는 그 용량이 1리터에 이른다는 자신감에 찬 이야기를 한다.

> **민기헌**: 한달 동안이나 이걸 한다고요?
>
> **신학선**: 아니죠, 영원히 하는거죠. 서복은 죽지 않으니까.
>
> **민기헌**: 이제 그만해요.

신학선: 왜요, 그 사이 **정**이라도 드셨나?

신학선의 무감각한 반응에 민기헌은 민감하게 반응하고 추출 작업을 그만둘 것을 명령한다. 신학선은 서복과 민기헌의 교감을 '정'이라고 표현하면서 서복과 형성한 민기헌의 감정 교류를 비하한다. 그 사이에 각성한 서복이 일어나고 민기헌은 서복이 걱정되어서 즉시 도망갈 것을 명령한다.

민기헌: 도망쳐 빨리!

서복: 형도 괜찮아요? 어디로요? 저는 갈 곳이 없어요.

서복은 자신을 공격하는 무리들을 뇌파를 통해 제압하지만 영원히 지속될 싸움이기에 자신을 죽여달라고 명한다. 지금까지 단 한 번도 잠 든 적이 없다고 말한 서복은 스스로 영면에 들 결심을 한다. 죽음을 두려워하고 회피하는 보편적인 인간과는 달리 대담하게 스스로 생명을 종결하고 죽음을 받아들이려는 서복의 모습을 통해 민기헌은 서복에게 사람과 같은 인격을 부여하고 그를 존중한다. 서복을 단순히 영생 프로젝트의 일환으로 보는 기업의 모습은 생명 조차 영리의 수단으로 관리하고 폐기하려는 점에서 자본주의의 그늘을 보여준다.

스필버그의 <에이아이>에 등장하는 복제인간도 인간보다 더 큰 감정을 보여주면서 감동을 주었듯이 <서복>이 인지하는 가족은 인간이 지닌 가족에 대한 애정보다 더 큰 감정을 전달한다.

> **서복**: 어머니가 이야기해주었죠.
>
> **민기헌**: 어머니? 무슨 어머니?
>
> **서복**: 보셨잖아요, 우리 어머니요.
>
> **민기헌**: 아, 임세은 박사님이 어머니셨어? 어머니가 있으셨구나.
>
> **서복**: 민기헌씨는 어머니가 없어요?

자신을 설계한 박사를 어머니로 인지하는 서복은 '엄마'라는 단어에 애착을 가지면서 매일 투여받는 주사의 아픔을 임세은 박사와의 만남으로 극복하려고 한다. 선박 안 실험실인 "시 마리나"(SI MARINA)는 바다 위에 머물러 있지만 움직이지 않고 실제 바다를 볼 수 없는 구조이다. 스크린 상에는 바다가 보이지만 그래픽 처리된 바다의 이미지이므로 '시 마리나'라는 공간은 상상의 기표이며 기의가 없는 '텅 빈' 공간이다. 서복은 텅빈 기표 속에서 의미를 찾고자 고뇌하는 존재론적 포스트휴먼이다.

영화 전반에 내재된 영생에 대한 열망은 그 내면에 존재하는 죽음에 대한 두려움을 또한 담고 있다. 그동안 사이보그 영화들이 보여주었듯이 서복도 끊임없이 자신의 주체성에 대해 고민하고 번민하지만 서복이 민기헌의 총에 맞기로 스스로 결정하여 자신의 수명을 종결짓는 결정은 그러한 두려움을 극복한 포스트휴먼의 의지를 보여준다. 서복은 스스로 삶을 종결하기 전에 그가 지닌 초능력으로 복제인간 실험을 이용해서 온갖 비리에 연루되었던 악한 이들을 처결한다. 마치 삶에 회의를 느낀 인간이 스스로 자신의 삶을 포기하듯 포스트휴먼이자 실험체로서의 자신의 개체를 스스로 사멸해버리는 서복의 모습은 영생과 장수에 대한 꿈이 인간에게 절대적으로 의미가 있는 삶이 아니라는 결론을 내린다. 이러한 점에서 포스트휴먼에게서 찾아본 숭고한 희생은 생명이란 인간에게만 허락된 존엄이 아니라는 점도 보여준다. 인간과 동일한 감각과 경험이 제공되면 인간과 같은 인격을 지닌 포스트휴먼 서복과 같은 존재를 통해서도 영생이란 무엇인지, 인간으로서 추구해야 할 가치 있는 삶이란 무엇인지 고민해볼 수 있다는 점을 영화 <서복>은 일깨워준다.

동아시아에서 전승되는 서복 설화는 예의를 중요시하던 동아시아 한자 문화권에서 신비주의로 남으면서 동아시아 고전의 일부로 자리매김하였다. 서복에 대한 지속적인 관심은 당시 동아시아인들이 지녔던 장수에 대한 욕망에서 비롯되었을 것으로 추정된다. 동아시아는 지정학적으로도 비슷한 위치를 지니면서 한자 문화권을 역사 속에서 형성해왔으므로 유사한 특성들이 많다. 역사의 한 페이지로만 존재했던 서복이라는 과거의 인물을 소환하여 영화를 통해 설화를 재복원해보고 그 의미를 되새겨보는 작업은 고전과 융합된 새로운 현재적 교감의 정서를 자아내는 트랜스미디어 스토리텔링의 일환이다. 서복 설화뿐만이 아니라 아직도 연구되지 않은 고대 동아시아 역사를 상징하는 유물들과 설화 등을 체계적으로 정리하여 동아시아 연구의 토대를 마련하여 동아시아 연구와 더불어 한·중·일 3국의 공동 관심사인 고대 동아시아의 역사와 그 의미를 되새겨볼 필요성도 제기될만하다.

6. 인류세 시대 포스트휴먼 섭생과 디지털 윤리 : <정이, 2022>

<오징어 게임> 이후 전 세계 OTT 구독자들의 한국 콘텐츠에 대한 선호도가 높아지면서 넷플릭스의 경우 전체 회원의 60%가 한국 제작 OTT 프로그램을 시청하였다. 좀비 영화를 통해 세계에 이름을 알린 연상호 감독은 디스토피아, 복제 및 AI가 결합된 독특한 주제를 묘사하려고 시도한다. 그는 "인공지능에 대한 의문을 제기하는 동시에 관객들이 공감할 수 있는 액션 영화를 만들고 싶었다"고 하면서 포스트휴머니즘을 일깨워주는 작품 제작에 몰두하였다. 이제 한국인에게 디스토피아 세계관은 낯설지 않다. 메타버스 사용이 급증하면서 SF 영화는 흥행의 보증수표로 인식되는 추세인 가운데 인간의 욕망을 대신 실현해주는 영화들이 제작되고 있다.

2022년에 개봉된 넷플릭스 영화 <정이>의 경우에도 연상호 감독 작품으로 뇌사로 실험용 AI가 된 정이라는 이름을 지닌 AI

용병이 영원히 죽지 않는 로봇 인간이 되어 뇌사 이전에 지녔던 전투 기술을 활용하는 이야기를 다룬다. 내전이 지속되는 우주의 아포칼립스 상황을 정리하고자 하는 인간의 욕망을 대체하는 전투용 AI 용병의 모습을 통해 로봇의 숙명을 연출한 영화이다. 영원한 생명을 지닌 AI 로봇은 꺼지지 않는 인간의 욕망을 투영하면서 로봇이 참여하는 끝나지 않는 부질없는 전쟁에 회의를 느낀 연구원이 로봇을 탈출시킨다는 전개를 통해 영화의 서사가 진행된다.

<정이>를 비롯하여 <사냥의 시간, 2020> 등 디스토피아 세계관을 담은 한국형 OTT 작품들이 인기를 끌고 있는 가운데 2023년에 공개된 <택배기사>도 새로운 유형의 디스토피아 세계관을 담고 있다. 세기말 현상을 묘사하는 SF나 스릴러 장르의 포스트 아포칼립스나 디스토피아를 다룬 대표적 작품으로는 오웰(George Owell)의 『1984』와 2016년 영화 <매드맥스>(*Mad Max*) 등을 들 수 있다. 할리우드 블록버스터 영화를 중심으로 제작되었던 디스토피아 장르는 최근 한국 OTT 드라마와 영화에서 자주 등장하는 추세이다. 이러한 배경에는 불안한 전쟁과 핵 문제, 지구 온난화로 인한 환경 문제에 대한 관심 급증 등이 기저하고 있으며 이들 장르는 관객의 불안 심리를 잘 대변해준다. <사냥의 시간>의 경우 희망이 사라진 도시에서 새로운 희망을 찾아 작전을 계획하는 네 명의 친구와 정체 불명의 추적자, 그리고 사냥 시간이 뒤얽히는 추격 액션 스릴러의 형태를 취한다. <사냥의 시간>은 한국을 '헬

조선'이라고 칭하면서 어두운 도심 거리를 조명해서 보여준다. <사냥의 시간>이 관객의 현실과 가까운 디스토피아의 세계를 표현한 반면, 우주에서 일어날 먼 인류의 미래에 대한 디스토피아를 구현해 본 작품이 바로 <정이>이다.

지구의 기후 변화로 인한 환경 파괴로 지구가 더 이상 사람들이 거주할 수 없는 환경이 되자 사람들은 우주 공간에 피난처를 마련하게 된다. 이 가운데 피치 못할 생존 경쟁과 전쟁을 위해 개발한 전설적 용병인 정이의 뇌를 복제하여 전투 AI를 벌이는 미래 인류의 우울한 디스토피아가 주요 내용이다. <정이>는 포스트아포칼립스 상황을 전제로 하므로 관객들은 미래 지구에 대한 가상 체험을 하면서 동시에 환경오염 문제에 대한 공감대를 형성할 수 있다.

우주에서 발생한 전쟁을 끝낼 목적으로 전문 A.I.를 개발하는 22세기 뇌 복제 실험의 이야기를 다루는 새로운 유형의 스토리는 공개 직후 넷플릭스 세계 1위, 개봉 3일 만에 넷플릭스 비영어권 영화 부문 10위에 오르면서 전 세계인의 관심을 모았다. 영화는 인간성이 상실된 디스토피아의 세계가 인류에게 다가올 경우 인류가 맞이할 다양한 위험에 대해 이야기한다. 그 가운데 AI 전투병 등은 현실에서 존재하는 대상이 아니라서 낯설게 다가오고 이때 우주에서 발생하는 문제를 해결하는 사람은 여성들이다. <정이>는 모녀가 지구를 구해내는 새로운 개척자로 등장함으로써 에코페미니즘을 반영하는 양상이다.

[사진 14] <정이> 포스터(넷플릭스 제공)

SF 영화는 지금 당장의 현실이 배경으로 등장하지는 않지만 인간 본연의 생존에 대한 위협과 살아남아야 한다는 인간의 강한 의지를 동시에 담아내기에 트랜스 휴머니즘과 포스트 휴머니즘을 잘 반영하는 효과적인 매체이다. "인간의 한계를 뛰어넘는 존재에 대한 상상을 다루는 포스트 휴머니즘과 트랜스 휴머니즘이라는 용어는 새로운 인간 존재론에 대한 사유와 연결된다"(이만강 217). 지구 종말이라는 디스토피아 상황에서는 누구나 절망하여 자신이 세상에 존재해야 할 이유에 대해 묻지 않을 수밖에 없는데 <정이>는 이러한 상황에서 인간의 자유의지가 중요함을 강조한다. 또한 다른 SF 영화들이 그러하듯이 <정이>도 과학 기술의 오남용은 인류에게 재앙을 초래할 수 있다는 경각심을 제시한다. 인간의 근본적 한계를 극복하기 위해 식물인간의 뇌를 복제하는 설정은 인간의 약한 육체나 정신을 강화하기 위한 본능에서 비롯된다.

> 그림자가 거의 없거나 인공 조명으로 만들어진 그림자가 보여지는 그래픽적 실내 공간은 외부 세계의 자연스러운 빛의 감각과 대조를 이룬다. 오직 캐릭터의 죽음만이 이 가상적인 공간이 실재임을 증명해준다. 나아가 몸/목숨을 담보로 투자하는 가상 세계의 논리가 죽음이라는 실존적 결과로 이어지면서 디지털 미디어와 현실 세계의 삼투 현상을 언캐니하게 경험하게 하는 스릴러적 표현 양식이 된다. (박미영 43)

상기의 인용문처럼 <정이>도 SF 영화와 같은 전개에 있어 마치 가상 세계처럼 우주의 공간을 광활하면서도 언캐니하게 연출한다. 크로노이드 회사에서 연구소장으로 등장하는 상훈을 영화의 중반부까지 인간으로 출연시키다가 후반부에는 그가 AI 로봇이었음을 드러내는 방식 또한 극적 몰입감을 자아냄과 동시에 낯선 “언캐니 밸리”(uncanny vaeely)의 감정을 일으킨다. 로봇 공학에서 사용되는 소위 “불쾌한 골짜기 현상”은 인간이 로봇이나 인간이 아닌 AI 등에 느끼는 이질감을 의미하는 용어이다. 로봇 공학교수인 모리(Masahiro Mori)는 로봇이나 AI가 점점 외형적인 인간과의 일치점에 도달할수록 그 일치감은 급격히 하락할 것이라고 설명했다(98-100).

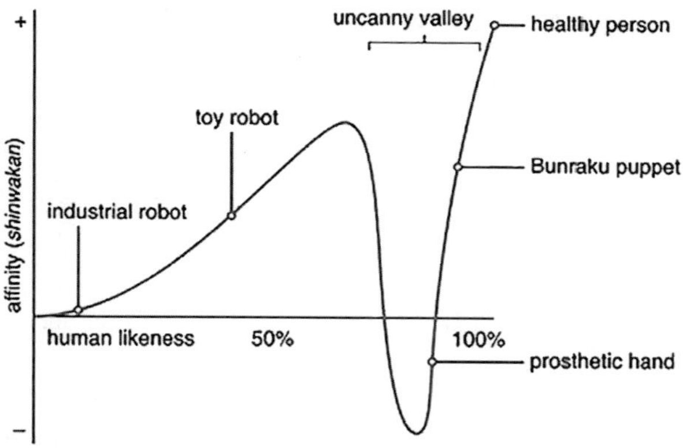

ırce: Masahiro Mori, "The Uncanny Valley," *IEEE Robotics & Automation Magazine*, 2):98–100 (June 6, 2012).

모리가 주장한 언캐니 밸리

(출처: 2012년에 출간된 모리의 논문)

<정이>는 포스트 아포칼립스 상황의 적막함을 웅장한 CG 효과와 시각적 확장을 통한 관객의 쾌락을 전달하면서 현실이 아닌 가상의 세계를 구상해낸다. 좀비 장르를 통해 인간이 되기를 갈망하는 좀비의 욕망을 보여주었듯이 연 감독 영화의 대부분은 '상실의 아픔'과 이루어질 수 없는 '허황된 욕망'을 기본으로 하고 있다. 그 가운데 기계가 세상을 지배하게 된 최첨단화된 문명의 시대에서 AI 용병이 된 어머니와 딸이 만나는 장면은 "로보 사피엔

스"(Robo Sapiens)와 호모 사피엔스가 대면하는 순간이다. 이처럼 사랑에 관한 휴먼 드라마를 기계와 사람의 사랑 이야기로 대체하는 테크-내러티브는 기계와 인간의 새로운 관계를 설정한다.

할리우드에서 CG가 영화에서 수용되기 시작한 것은 1982년 스필버그 감독의 *E.T.*가 제작에 활용되고 난 이후부터였다. *E.T.*의 세계적인 인기로 인해 CG는 할리우드 영화 미학으로 정의될 경지에 이르렀다. 소위 사진 사실주의(photo-realimsm)로 급부상한 CG는 광고, MV, 애니메이션 등 다양한 대중 문화 장르에 사용되기 시작했고 하드웨어를 비롯하여 가정용 소프트웨어 등으로도 제작, 유통되었다. 당시에는 픽사(Pixar)와 ILM(Indus al Light and Magic)와 같은 회사들이 그 역할의 중심에 있었다.

어머니와 자녀의 관계를 인간과 로봇으로 대치하여 극화한 선험적 시도는 스필버그의 *A.I.*를 통해 이루어진 바 있다. *A.I.*는 큐브릭(Stanley Kubrick) 감독이 계획한 작품을 그의 사후 스필버그가 연출한 것이며, 인간과 로봇 간의 관계와 윤리적 고민을 다룬다. 영화의 배경은 로봇의 사용이 인류의 편리한 일상을 위해 도구화되는 미래이다. 부모에게 충실한 아들이 되기 위해 탄생한 4세대 아이 로봇[10]인 데이비드는 프로그램 작동 후 그가 처음 만

10 모라벡(Hans Moravec)은 "4세대 로봇은 마치 사람처럼 인지하고 행동할 수 있으며 사람처럼 생각하고 감정을 지닐 수 있기에 인간과 기계의 경계를 넘나들 것"(『마음의 아이들』, 박우석 옮김, 2011, 9-10)이라고 이미 예측한 바 있다.

난 사람이자 평생 동안 사랑하고픈 유일한 대상인 프로그램 구입자인 엄마 모니카를 사랑하게 된다. 모니카는 시간이 경과하자 더 이상 사용 용도의 의미가 없어진 데이비드를 비참하게 숲에 버리는 잔인한 면모를 보인다. 데이비드와 나누었던 과거의 감정 공유를 부정하는 모니카의 모습을 통해 포스트휴먼 기계를 도구화하는 인간의 잔인함과 인간처럼 "살아있는" 상황에서도 무자비하게 폐기되는 인간형 로봇에 대한 생명 윤리의 필요성이 출현한다. 대부분 실험실에서 만들어진 기계는 자아에 대한 자각이 없기 때문에 자신에 대한 신뢰를 할 수 없고 갈등하게 되는 경향이 있지만 데이비드는 가족에게 버려진 후 홀로 외톨이가 될 운명을 자각한다. 지구에 종말이 찾아오고 2천년의 시간을 기다리면서도 데이비드는 단 하루만 허락된 모니카와의 상봉을 위해 인내하고 기다린다. 그토록 오랜 시간 데이비드가 인내할 수 있었던 것은 데이비드는 사용자인 엄마를 사랑하는 목표만으로 제작되었으므로 2천년이 지나도 그 목표는 변치 않기 때문이다. 데이비드는 언제나 엄마를 영원히 사랑하기 위해 인간이 되기를 '간절히 욕망'했다. 사랑은 인간만이 키워나가는 감정이며 기계의 알고리즘은 인간과 같은 사랑을 생성할 수 없지만 스필버그의 휴머니즘은 인간보다 더 깊은 감성을 지닌 로봇의 등장을 통해 기계가 인간보다 더 깊은 사랑을 할 수 있음을 보여준다.

영화 <그녀>(*Her*, 2013)에서 소프트웨어가 인간에게 보여주었던 사랑의 방식을 관찰할 수 있었듯이 인간과 비인간의 경계가 무너지고 사람 중심의 휴머니즘 서사는 기계 문명이라는 포스트휴먼 텍스트가 유입되면서 포스트휴먼 서사로 전환된다. 기계가 서사의 주체가 되는 테크-내러티브는 본질적으로 인류에게 가장 중요한 가치가 무엇인지 그 본질에 대한 더 깊은 의문을 제기한다. 데이비드가 모니카를 찾기 위해 기다린 2천년의 시간은 지구상에서 사라진 인류에게는 이미 신화와 같은 시간대가 되었고 현재 지구를 차지하게 된 기계의 조상이 인류라는 점을 시사한다. 그러므로 푸른 요정의 도움으로 모니카를 만나는 데이비드의 장면은 마치 2천년 전의 신화를 복원한 것 같은 몽환적 분위기를 자아낸다. 기계가 세상을 지배하게 된 최첨단화된 문명의 시대에서 2천년 전의 모니카를 만난 데이비드는 신화와 기계 문명을 접목한 테크노 애니미즘의 실현자이자 지혜를 지닌 "로보 사피엔스"인 셈이다. 이처럼 트랜스 휴머니즘 서사를 통해 기계와 사람의 사랑 이야기를 구성하는 테크-내러티브에 기반한 휴먼 드라마는 기계도 사람처럼 사랑할 수 있다고 이야기한다. 테크노 애니미즘은 이미 *E.T.*를 통해서도 구현되었듯이 세상에는 지구가 아닌 다른 세계가 있으며 지구인이 아닌 우주인이 존재한다는 다원 우주론을 제기한다. 그리고 이러한 상상의 다원 우주는 모든 생명체에 생명을 불어 넣는 물활(物活)론적 시선에서 기인한다. 이후 물활론적 사고는 <터미네이터>(*Terminator*, 1984-2015) 시리즈에 등장하는 T-1000의 연출에 영향을 미쳤다. 액체 크롬의 변형 구조 형상을 띤 T-1000은 모핑(morphing) 기법을 사용하여 형상의 자유로운 변형이 가능하였다. 이후 최초의 공룡 영화 <쥬라기 공원>(*The Jurassic Park*, 1983-2025) 시리즈의 공룡 제작에도 활용된 CG 기술은 지속적인 블록버스터 영화의 제작으로 활용되면서 세계 영화의 판도를 바꾸었다.

> 전통 영화 제작에서 실사는 추후에 변경되지 않지만 디지털 영화에서는 원재료에 대한 합성, 동화, 모핑 등의 작업이 가능해지면서 그 나름의 가변성을 획득한다. 이러한 점에서 새로운 형식의 사실주의가 탄생하며 실재로 일어난 사실이 아니라 하더라도 마치 실재로 일어난 것처럼 보인다는 점에서 가변적 사실주의라고 할 수 있다. (이재현 55)

K-좀비의 선구자로 불리는 연 감독의 영화는 과학 기술 혹은 신화와 과학이 뒤섞인 테크노 애니미즘과 포스트 휴머니즘에 입각한 상상력의 세계로 가득하다. 시대를 초월한 감동과 “엑소더스”(exodus)는 이미 그가 연출한 좀비물을 통해 전 세계인들의 뇌리에 남아있다. 그는 멀티미디어 언어의 사용을 통해 스크린 속으로의 몰입을 극대화하는 연출력을 통해 K-시네마의 새로운 공식을 설계하였다. 그의 영화들은 언제나 새로운 소재와 연출을 통해 관객의 흥분을 자아내기도 하고 때로는 불행한 환경에서 겪는 등장인물들의 아픔을 다루기에 휴머니즘의 정점을 이룬다. 그의 영화들이 다룬 지향점은 인류 공영의 미래에 대한 판타지를 자극하

면서도 휴머니즘으로의 봉합을 언제나 잊지 않는다는 점이다. 극도의 혼란과 파괴로 점철된 영화는 관객의 몸과 마음에 자극을 주고 일상에 변화와 잔잔한 감동을 일으킨다. 그리고 인류의 영원한 꿈을 스크린에 담아내고자 하는 그의 영화 철학의 깊이는 아직도 진행 중이다. 모라벡이 사랑이 존재하는 한 포스트휴먼은 영원한 삶을 누릴 것이며 이들이 지구의 미래를 이어나갈 것이라고 예언했듯이, 영화의 엔딩은 AI 용병이 된 정이가 내려다보는 세상을 뒤로 하면서 마무리된다. 오픈 엔딩과 같은 결말은 딸과의 영원한 상봉이 해피엔딩의 결말로 등장할지도 모른다는 아쉬움을 처리하듯 심연의 공간을 극대화하는 처리로 연출된다.

<정이>에 뒤이어 제작된 넷플릭스 드라마 <택배기사, 2023>도 기후 변화로 인해 산소가 없어진 지구 환경을 토대로 전개된다. <택배기사>는 특히 사막이 된 서울에서 계층에 따라 산소가 조절되는 세상을 구상함으로써 K-디스토피아의 새로운 서막을 제시하였다. 또한 사막화된 서울이 CG 작업을 통해 섬세하고 사실적으로 표현된 점은 극의 몰입도를 증가시킨다. <택배기사>에 등장하는 택배기사들은 낮 동안에는 인류의 생존을 위해 열심히 이동하고 밤에는 난민들을 돕는 역할을 수행한다. 이윤균의 웹툰 <택배기사>를 토대로 구상된 영화로 연출에 새로운 장을 열게 된 조의석 감독은 모든 사람들이 평등하고 행복하게 살아가는 세상을 스크린에 담고 싶었다는 희망을 여러 인터뷰를 통해 밝힌 바 있다.

[사진 15] <택배기사> 포스터(넷플릭스 제공)

<정이>나 <택배기사>를 비롯한 디스토피아 세계관을 투영하는 최근 OTT 작품들의 특성은 기존의 영화 스크린을 컴퓨터 스크린으로 옮겨오면서 컴퓨터 스크린이 수행하는 가능성들을 영화나 드라마로 표현해내는 경향성을 띤다. 그리하여 영화와 컴퓨터가 융합된 인터미디어는 두 가지 매체의 특성 모두를 연출하여 현실과 가상의 네트워킹을 구현할 수 있다. 미디어의 폭발적 급증 및 파급의 도화선이 되는 콘텐츠인 킬러 콘텐츠(killer content)는 최근 OTT 시장 질서를 재편할 정도로 영향력을 지니고 있다. 그러한 경쟁력 점유는 다른 콘텐츠의 발전으로 이어져 연계 산업의 발전과 킬러 애플리케이션의 성장으로 이어진다. 킬러 콘텐츠는

투자 비용보다 파급 효과가 더 크기 때문에 향후 문화 콘텐츠 사업의 미래를 선도해나갈 신 성장 사업으로 그 중요성은 점점 부각되고 있다.

7. 마블(Marvel) 콘텐츠의 멀티버스

과학 기술의 첨단화로 인한 디지털 매체의 개발로 인해 인류는 가상현실 기기나 아바타를 통해 사회 관계망을 맺기도 하고 Chat GPT 등의 대화형 인공지능 서비스를 누리면서 '여기, 현재'를 벗어난 시공간을 경험하고 있다. 이는 푸코가 명명한 표현대로 현실과는 다른 또 다른 공간인 헤테로토피아를 상기시킨다. 엄경희는 헤테로토피아란 "생소한 시공간의 배치를 통하여 인류가 생성한 유토피아나 우화에 영향을 미치는 언어적 전략"(407)의 하나라고 정의한다. 이처럼 21세기의 헤테로토피아는 현실과는 다른 담론과 문화 등이 존재하는 공간으로서 가상현실 혹은 증강 현실의 의미로도 치환되어 해석된다. 메타(meta)와 유니버스(universe)의 조합어인 '메타버스'의 경우, 스티븐슨(Neil Stephenson)의 『스노우 크래쉬』(*Snow Crash*, 1992)에서 처음 등장한 이래로 지금에 이르러서는 현실과 가상이 공존하는 디지털 플랫폼을 지칭하는 용어로까지 전이되기에 이르렀다.

디지털 플랫폼의 다변화와 실재에 가까운 몰입감이 주는 체험 공간은 디지털 콘텐츠가 일상의 영역에 침투하여 시공간의 제약이 없는 '확장된 현실'을 생성하였다. 가상과 현실의 경계를 허물면서 인류를 현실과 흡사한 대안의 세계로 이끄는 디지털 헤테로피아는 인류로 하여금 점점 더 새로운 세계로 진입하도록 이끌었고, 인류는 그 세계에 '**존재**'하고자 하는 욕망을 키우게 되었다. 가상현실이 주는 점점 극대화된 현실감은 실재의 현실과 가상 속 시공간의 차이를 무화하면서 현실의 세계까지 점점 더 잠입해 들어오면서 가상현실에 대한 체험 강도는 점점 높아지는 경향이다.

영화사에서 인류의 과학 세계에 대한 지적 호기심은 <우주전쟁>(*War of the Worlds*, 2005)의 개봉 이후 점점 가속화되는 계기를 맞이하게 되었다. <우주전쟁>은 인간과 외계인 간의 대결을 다룸으로써 테크-내러티브와 포스트 휴머니즘의 세계를 동시에 담아냈다. 스필버그는 SF의 상상력을 사용하여 이후 범죄 장르에도 새로운 도전을 하였는데 할리우드 흥행의 보증 수표 배우인 톰 크루즈(Tom Cruise)와 협업한 <마이너리티 리포트>(*Minority Report*, 2002)가 그 성과이다. <마이너리티 리포트>는 미래 사회 범죄 예측 시스템이 가동될 경우에 일어날 상황들을 연출해 보인다. 당시 스필버그는 제작 과정에 해당 전문 과학자들의 조언을 반영하여 <마이너리티 리포트>를 구상하였기 때문에 영화 속 50년 뒤의 인류의 미래는 개연성 있는 현실처럼 다가온다. 또한 영화 속 미래는 현실을 반영하고 미래에 일어날 사건들은 다시 현실에 영향을 미치게 되는 구도이므로 미래 범죄 상황을 미리 목격한 관객은 어느새 등장인물들과 같은 시점에 위치하게 되면서 강렬한 몰입감을 느끼게 된다. 비록 <마이너리티 리포트>의 외연은 범죄 SF 장르의 표피를 입고 있지만 이야기의 중심에는 아들을 상실한 부모의 슬픔을 담고 있기에 휴먼 드라마의 내연을 지니고 있다.

스필버그는 <마이너리티 리포트> 제작 20년 이후 메타버스의 세계 구현에 다시 관심을 보이는데 <레디 플레이어 원>(*Ready Player One*, 2018)이 바로 그 예이다. SF 판타지 소재를 통해 가상현실의 세계를 구현해낸 <레디 플레이어 원>은 1980년대 팝 컬처에 대한 오마주가 상당 부분 반영되어 있고 메타버스로 대변되는 가상현실 속 이야기들이 점점 현실로 구현되는 모습을 보여준다. 2045년의 미래를 배경으로 펼쳐지는 가상공간인 오아시스(Oasis)는 스필버그의 상상력을 집약해낸 메타버스이다. 2050년 즈음이 되면 인류의 삶이 로봇에 의해 통제될 것이라는 로봇 공학자들의 예언처럼 스필버그의 메타버스는 3D 아바타를 사용하여 미래에 대한 청사진을 펼친다. 이러한 시도는 인간과 교감하는 영역을 넓히기 위한 디지털 휴머니즘의 경영 철학에서 비롯되었다. 오아시스의 존재는 창업자 할리데이(Holiday)의 어린 시절 소외와 상실의 아픔에서 비롯되었으므로 오아시스는 태생적 특징상 현실로부터 도피를 계획하는 사람들이 선망하는 환상이다. 디지털 사회가 항상 장밋빛 미래를 보장하는 것은 아니지만 <레디 플레이어 원>의 현실과 오아시스의 연결 구조는 희망을 제시하므로 메타버스 공간인 오아시스는 관객에게 마치 "제 5원소"[11]와 같은 공간이자 쉼터로 다가온다.

메타버스가 등장하기 이전에도 1972년 노직(Robert Nozick)이 "경험 기계"(experience machine, 42)라는 용어를 설명하면서 가상 세계라는 개념을 인문학에 등장시킨 바 있다. 노직은 마치 영화 <아바타>에서 튜브와 같은 공간에 떠 있는 듯 누워있는 인간이 뇌에 부착된 전극을 통해 자신이 원하는 경험을 체험할 수 있는 기계를 상상해보았다. 두뇌에 전극이 연결되면 인생에서 겪어야 할 일들이 뇌로 전달되면서 기계 속 인간은 기계가 전달하는 경험을 자신의 실재 경험으로 인지하게 되는 것이다. 이러한 경험 기계의 역할을 잘 재현하는 현실적 수단이 바로 영화인데, 영화라는 영상 매체는 시간과 공간의 이동이 자유롭기 때문에 시공간의 재구성은 보다 원활하게 이루어진다. "영화는 통합적 몽타주의 실천이라는 이접적 접속의 방식을 통해 독특한 물질성을 지닌 이미지들과 새로운 감각적 사유 형태들을 생산하는 문제적 예술"(이정하 115)이며, 모든 문화의 특성들이 빠른 속도로 세계적으로 공유되는 통신의 발달을 통해 디지털 OTT 채널들까지 경험 기계의 역할을 수행하고 있다.

---

11 고대 그리스나 인도에서는 물, 불, 흙, 공기가 세상을 구성하는 "4 원소"라고 생각했다. 이후 아리스토텔레스(Aristotle)가 4 원소에 하나를 더 추가한 것이 "제 5원소"이다. 제 5 원소는 뤽 베송(Luc Besson) 감독의 1997년 영화 <제 5원소>(*The Fifth Element*)의 제작에 영감을 제공하였다.

The multiverse-the idea that parallel universe exist contemporaneously with and potentially accessible through our own-has been a mainstay in science fiction and fantasy stories for a hundred years at least.(Reklis 44)

다중우주-평행 우주가 우리 우주와 동시에 존재하고 우리 자신을 통해 잠재적으로 접근할 수 있다는 생각은 적어도 100년 동안 공상 과학 소설과 판타지 이야기의 주류였다.

이러한 멀티버스 세계관을 구현한 가장 대중적인 영화는 바로 마블 스튜디오가 제작한 슈퍼 히어로 시리즈물들이다. 마블 영화 속 슈퍼 히어로는 평범한 가족 혹은 일상으로부터 벗어나 갑자기 멀티버스의 시공간을 여행하기에 인간의 외관과 닮아있지만 멀티버스의 시공간을 넘나들기에 색다른 포스트휴먼이다. 마블 영화의 성공과 OTT 등 디지털 플랫폼의 발달로 인해 세계 문화는 더욱 빠른 속도로 공유되면서 동서양의 문화가 폭넓은 공감대를 형성하게 되었고 글로벌 협업의 영화 제작도 활발히 이루어지고 있다.

[사진 16] <로키> 포스터(디즈니+ 제공)

일찍이 헤라클레이토스(Heraclitus)가 인간의 존재에 대해 "진행 중의 정체성"(identity in progress, 8)이라는 개념을 통해 지적한 바대로 지적 논리를 즐기는 인간이라는 존재와 그 존재론적 욕망은 언제나 인류의 관심사였다. 영화는 세계의 변화를 급속하게 반영하는 매체로서 인간의 놀이하는 존재로서의 욕망도 다층적으로 잘 담아낸다. 9.11 테러 이후 미국 사회가 받은 적잖은 충격을 완화하고 미국의 자존심을 회복하기 위해 제작된 다수의 마블 시리즈들은 이러한 욕구의 반영에서 비롯되었다. 랑시에르(Jacques Rancière)가 "영화는 끊임없이 불안정한 경계들의 사이에서 존재한다"(55)고 언급하였듯이 9.11 테러 이후 미국은 사회 통합과 안정,

위안을 위한 새로운 미국적 정체성을 형성하기 위해 영화 제작에 매진하였다. 종이 매체인 만화 코믹스(Comics)가 마블 코믹스와 DC(Detective Comics) 코믹스로 양분되면서 과거에 잊혀졌던 슈퍼맨과 같은 영웅들이 스크린으로 복귀한 것이 그 예 가운에 하나이다.

마블 콘텐츠는 콘텐츠 융합 플랫폼으로서 진화하면서 마블 코믹스를 바탕으로 미디어 프렌차이즈의 시대를 열었다. 영화라는 매체에 최적화되고 각각의 작품들이 마블 엔터테인먼트로 유기적으로 연결되어 구성된 세계관이 바로 MCU(Marvel Cinematic Universe)이다. 마블은 MCU를 통해 과거의 영웅들을 현실감 넘치는 블록버스터 액션 장르로 소환하면서 현실적 생동감과 더불어 흥행의 전제 조건도 갖추게 되었다. 최근의 미디어 콘텐츠 산업의 경우 콘텐츠의 연결성이 결여되면 그 콘텐츠는 지속적인 부가가치를 생성하기가 힘들다. 예를 들어 tvN에서 방영되는 나영석 PD의 관찰 예능 연출은 하나의 세계관으로 연결되어 지속적인 국민의 사랑을 받고 있다. MCU의 경우에도 하나로 연결되어 통일된 세계관이 있기 때문에 마블을 상징하는 대표적인 브랜드가 되었고 다양한 미디어를 통해 활용되는 것이다.

마블은 캐릭터들이 서로 연결되고 기존 콘텐츠들과의 접속을 통해 새롭게 변형된 콘텐츠를 소개하고 세계관을 점진적으로 확장하면서 MCU를 체계적으로 구체화하는 과정을 거쳤다. 그리고 이러한 구체화 작업을 위해서 마블은 서사 구조를 탄탄하게 유지하되 탄력적인 변화를 소비자의 트렌드에 맞게 수용해왔다. 예를 들어 쿠키 영상(credit cookie)의 경우에는 후속작에 대한 호기심과 기대감을 높이면서 관객들의 상상력을 자극하고 관객의 기대에 부응하는 효과적이고 흥미로운 장치이다.

2008년 <아이언 맨>(*Iron Man*)을 시작으로 <인크레더블 헐크>(*Incredible Hulk*, 2008), <캡틴 아메리카: 퍼스트 어벤져>(*Captain America: The First Avenger*, 2011), <토르: 천둥의 신>(*Thor*, 2011), <어벤져스>(*The Avengers*, 2012)에 등장한 영웅들이 개성 넘치면서도 실재 존재하는 것처럼 느껴질 정도로 사실적으로 재현되면서 MCU의 세계관이 더욱 구체화 되었다. 페이즈(phase) 1-2는 영웅의 탄생과 개별 서사가 중심이고, 페이즈 3의 경우에는 어벤져스로 결성된 영웅들이 빌런인 타노스(Tanos)로부터 세계 질서를 수호하는 양상에 집중한다. 마치 게임처럼 여러 영웅들이 정의 실현이라는 목표를 위해 캐릭터들 각자가 지닌 불완전함과 열등감을 극복하고 함께 협업하는 것은 캐릭터들 모두에게 시너지 효과를 주면서 매 작품에 새로운 동력을 만들어내는 전략적 수단이 되었다.

각 영웅들이 어벤져스에 합류하게 된 동기나 원인도 MCU가 설명해주고 이들이 상호 협력하면서 공통적으로 공유하는 가치관은 캐릭터들간의 연대를 가능하게 했기 때문에 MCU의 가치가 지속적으로 높아졌다. MCU 세계관을 지지하는 관객들은 그들이 희망하는 영웅의 모습을 마블의 영웅들에게 투사하게 됨에 따라 이러한 기대감은 후속 스핀 오프(spin-off) 시리즈의 제작으로 이어졌다. 특히 페이즈 3은 MCU의 전성기로서 디지털 미디어 기술의 발달을 통해서 현실과 가상의 경계가 사라졌고 우주와 지구를 넘나드는 공간의 연출도 더욱 발전함에 따라 MCU의 서사는 더욱 우주로까지 확장되었다.

본래 천체 물리학에서 비롯된 멀티버스 이론은 우주 탄생과 관련된 인플레이션 이론으로서 우주의 지속적인 팽창 가능성을 제기한다. 멀티버스의 세계관을 차용하면서 창작자들의 콘텐츠 활용에 있어서 상상력은 더욱 높아졌고 기존의 스토리와 캐릭터는 지속적으로 새로운 스토리나 캐릭터의 추가를 통해 수정되었다. 시대 흐름에 맞는 새로운 캐릭터를 창조하여 다양한 관계 설정을 새롭게 구축함을 통해 역동적이고 시의성이 있는 서사를 구성하는 작업은 시대 변화에 따른 캐릭터의 노후화를 예방한다. 마블의 "멀티버스는 우리가 존재하는 세상 밖에서 발생하는 다른 기회나 사건, 인물이 또 다른 우주에서 겪게 되는 다른 세상을 설정하는 것을 뜻한다. 그러함에 하나의 텍스트에서 멀티버스를 세계관으로 공유하게 되면 이야기의 복제와 변형은 동시에 발생 가능하다"(장민지, 184).

이처럼 마블 콘텐츠는 영화뿐만 아니라 드라마 콘텐츠를 통해서도 확장하면서 콘텐츠 융합 플랫폼으로 진화되어 가고 있다. 예를 들어 드라마로 제작되어 디즈니+에서 방영된 <로키>(*Loki*, 2021)에서 주인공 로키는 다른 우주에서는 여성, 아이, 혹은 악어로 복제되어 변형된 모습으로 나타난다. 각각 다른 모습의 로키들은 새로운 텍스트를 만들어냄으로써 스토리텔링의 확산과 변화의 가능성을 보여주었다. 드라마로 트랜스-미디어된 <로키>는 타노스의 횡포를 저지하기 위해 타임머신을 통해 2012년으로 돌아가서 파편화된 로키의 또 다른 이야기를 다룬다. 시간은 과거 2012년 <어벤져스>의 시간대로 회귀하지만 이야기가 변형되어 또 다른 멀티버스가 생성된다. 이처럼 MCU에서는 완결된 서사는 없으며 완결된 서사도 언제든지 미완결로 변화될 수 있는데 그 이유가 바로 여러 시간대가 동시에 존재하는 멀티버스가 존재하기 때문이다. 이러한 멀티버스 세계관을 중심으로 각 페이즈는 다음 페이즈로 향하는 유기적인 방식으로 진행된다.

> Today, we use quantum physics in lasers, photoelectric trials, computers, chips, and so on. We use it for understanding phenomena in the universe, for instance, how the sun works, how is the burning inside the sun happening? It's not burning, like, like a piece of wood burns, it's burning of hydrogen into helium. And we understand that phenomenon using quantum physics. It's a basis of so much of modern technologies, so much of our understanding of the universe. It sort of the best physics has produced so far for understanding the universe. (Rovelli 45)

> 오늘날 우리는 레이저, 광전 시험, 컴퓨터, 칩 등에서 양자 물리학을 사용한다. 우리는 우주의 현상을 이해하기 위해 양자 물리학을 사용한다, 예를 들어, 태양이 어떻게 작동하는지, 태양 내부에서 타는 것이 어떻게 일어나는가? 그것은 나무 조각이 타는 것처럼 타는 것이 아니라 수소를 헬륨으로 태우는 것이다. 그리고 우리는 양자 물리학을 사용하여 그 현상을 이해한다. 양자 물리학은 많은 현대 기술과 우주를 이해하는 토대이다. 양자 물리학은 우주를 이해하기 위해 지금까지 만들어 낸 최고의 물리학이다.

로벨리(Carlo Robellie)는 양자 물리학 개념을 사용하여 자연에 대한 기본적 특성, 물리적 세계가 작동하는 방법, 세상을 구성하는 최초 구성 요소인 원자와 분자를 이해하는 방법 등을 설명한다. 이러한 현상들은 현대의 기술과 우주에 대한 이해를 돕는 초석이 된다. 그러므로 양자 물리학은 지금까지 연구된 물리학 가운데 우주 현상을 이해하기에 가장 적합한 학문이라고 할 수 있다.

<닥터 스트레인지>(*Doctor Strange*, 2016-2022) 시리즈에는 균열된 차원의 세계가 열리고 닫히면서 현실과 멀티버스의 혼란이 지속된다. 이때 더불어 자주 등장하는 거울과 창문, 매직 서클(magic circle) 등은 각 등장 인물들이 거울 속 자아와의 교우를 통해 과거와 현재의 자아를 반추하게 만든다. 일종의 재귀(再歸)적 성격을 띠는 장치와 효과들은 다른 마블 영화들과 차별화를 두는 <닥터

스트레인지>만의 특성이다. <블랙 위도우>(*Black Widow*, 2021)를 필두로 시작된 페이즈 4는 드라마와 스핀오프로 제작되어 2022년에 마무리되었고 페이즈 5-6도 지속적으로 공개될 예정이다. <어벤져스> 이후의 스핀오프에서 관찰되는 흥미로운 점은 <블랙 팬서>(*Black Panther*, 2018)나 <캡틴 마블>(*Captain Marvel*, 2019)에 등장하는 흑인이나 여성 영웅들이 영화의 중심을 구성하면서 기존의 남성 영웅 중심의 블록버스터 영화들과는 다른 내러티브를 취한다는 점이다.

하이데거는 『진리의 본질에 대하여』(*Von Wesen der Wahrheit: Zu Platons Ho"hlengleichnis und Thea"tet Martin Heidegger*)를 통해서 존재의 초월이 새로운 세계를 열 수 있으며 이 가운데 인간은 실존론적 존재를 발견하며 자신으로부터의 초월을 통해 세계로의 초월을 할 수 있다고 주장한다(50). 그러므로 인간의 존재란 끊임없이 자신의 존재에 대한 물음을 지니고 새로운 가능성을 추구하는 초월 지향적 존재이다. 또한 페겔러(Otto Pöggeler)는 인간의 초월 지향적 태도를 "존재의 이데아를 얻으려는 시도"(181)로서 해석한다.

MCU 영웅들은 마치 글로벌 시청자를 대변하듯이 다국적 악당에 맞서서 싸우며 초능력을 발휘하고 윤리의 중요성을 설파한다. 이들은 세상을 위기에서 구해내지만 어떠한 보상을 바라지 않고 미국과 전 세계를 아우르는 영웅 서사를 통해 트랜스-아이덴티티를 형성하고 세계인들이 공감할만한 글로벌 이슈를 제기한다. 첨단 과학 기술로 만들어진 CG 효과도 영상의 실재감을 높임으로써 상상력은 배가 되고 시청자의 몰입감도 높아졌다. 이들 영웅들이 세상 곳곳에서 실현하는 정의에 시청자들은 영웅들이 만들어가는 우정과 사랑, 생명에 대한 존엄을 보면서 카타르시스를 느낀다. 특히 MCU 세계관에서 등장인물들은 각자의 세계관을 공유하고 서로 공조하면서 세계 평화를 찾는 일에 몰두한다.

MCU 외에도 DCEU(DC Extended Universe), DCAU(DC Animated Universe)도 세계관을 구축하고 있는 중이다. 마블의 멀티버스 세계관은 자아를 동일하게 유지할 필요성이 없기에 영웅으로서 전쟁을 치르고 다시 평범한 소시민의 일상으로 돌아오는 패턴을 보인다. 이들의 현실로의 복귀는 어떠한 인간도 현실이 존재하지 않으면 멀티버스도 존재할 수 없다는 전제에 기반을 둔다.

마블의 등장인물들이 경험하는 멀티버스는 그들만의 잠재된 욕망이 실현되는 창조적 시공간이다. 예를 들어 <스파이더맨>(*Spider Man*, 2002-2021) 시리즈에서 파크(Peter Park)는 현실의 삶에 지쳐 있고 자신의 정체성에 늘 좌절하지만 우연히 초능력을 얻게 되면서 자신의 정체성을 연마하면서 강인한 인물로 탈바꿈한다. 작은 체구의 소년은 어느 날 갑자기 초능력을 보유하게 되고 수많은 악한들을 무너뜨리고 수많은 추종 세력을 거느리는 미국 사회의 새로운 영웅으로 재탄생한다.

슈퍼 히어로 장르물의 대명사 격인 MCU 영화들은 세기말 상황의 우주나 지구를 위험에서 구하고 우연히 취득하게 된 마법이나 초능력을 통해 악인을 제압하는 영웅 등장 서사를 취한다. 멀티버스에서 무한한 능력을 발휘하는 마블 영화의 주인공들은 다양한 위기들을 해결해내면서 "알파 자아"(alpha-self)로서 거듭난다. 멀티버스의 세계는 지속적으로 객관적 실재와 인식의 사이에서 주관적 의지로 객관적 실재를 벗어날 수 있다. 그러므로 주체의 경험과 인식은 멀티버스를 구성하는 토대가 되는 것이다. 마블의 멀티버스에는 가상의 현실을 살아가는 주체들이 존재하고 그 공간에는 중력이나 원심력의 법칙이 작용하므로 물리적 속성이 그대로 남아있다. 각각의 멀티버스는 각자의 법칙과 인물들간의 상호 관계가 있어서 현실 세계처럼 질서 있는 체계를 이루지만 하나의 멀티버스가 붕괴하면 다른 멀티버스 환경에도 혼란을 초래한다. 이러한 혼란을 수습하는 역할을 담당하는 인물들이 바로 마블의 히어로들이다.

제3장

제언

글로벌 OTT 서비스는 코로나를 기점으로 급성장하면서 대중적인 미디어가 되었기 때문에 전 세계 시청자들은 보다 질 높은 영상 콘텐츠를 즐길 수 있게 되었다. 플랫폼 이용자들은 손쉬운 채널로의 접속을 통해 초국가적인 세계관을 트랜스-미디어를 통해 공유하고 이렇게 공유된 세계관을 기반으로 제작자들도 그들의 오리지널 콘텐츠와 스토리텔링을 확장한다. 다중 미디어와 디지털 기술과의 융합을 통해 상호 호환성을 띠는 OTT가 연출하는 세계관을 통해 글로벌 감수성이 통합되고 그 가운데 시청자들은 영화나 드라마 속 캐릭터와 서사의 배경, 시간 등에 공감대를 형성한다.

코로나 이전에 넷플릭스 검색 상위어는 결혼, 연애, 카페, 회사가 차지했지만 [사진 17]이 보여주듯이 포스트 코로나 이후 빈출 검색어는 현실과 연관된 내용들이 상당수를 차지한다. 불안해진 소비자들의 감성을 자극하는 OTT 플랫폼은 소비자들의 불안이나 우울감을 해소할만한 콘텐츠로 다가가서 실용성 위주의 플랫폼을 콘텐츠 우위의 환경으로 진화시켰다. 코로나 직후 천만 관객을 동원한 <범죄도시> 시리즈는 관객들의 웃음 코드를 자극하

[사진 17] 코로나와 OTT 단어의 조합으로 생성된 워드 크라우드

여 일상의 부정적 감정을 잊게 만든 콘텐츠였다. 이처럼 시시각각 변화되는 문화적 트렌드를 파악하면서 제작·공유되는 OTT 플랫폼의 콘텐츠는 이제 세상을 이해하는 일종의 척도가 되었다. 앞서 진술하였듯이 예를 들어 <오징어 게임> 시리즈 속 상황과 이를 지켜본 팬덤의 증가는 킬러 콘텐츠의 확산과 극장 스크린과 컴퓨터 스크린이 융합된 게이미피케이션 현상을 반영한다. 이러한 상황에서 단순한 리부트나 리메이크와는 달리 OTT 플랫폼의 오리지널 콘텐츠는 꾸준히 재생산, 변형되고 오픈 엔딩을 통해 새로운 스토리로 다시 재구성된다. 그러나 아직도 상당수의 시청자들이 OTT 서비스가 제공하는 콘텐츠에 대해 정확히 인지하지 못하고 있는 것이 현 실정이다. EU 국가들은 2018년 시청각 미디어 서비

스 지침 개정을 통하여 OTT 서비스와 관련된 콘텐츠 라이브러리에 대한 실태를 조사하고 있다. 우리나라도 OTT 콘텐츠와 영화산업, 그리고 방송 시장 통계 연구를 통하여 콘텐츠 구매자들에게 최적화된 콘텐츠 정보를 제공함으로써 본격화된 AI 시대에 적합한 OTT 플랫폼을 다채롭게 운영해야 한다. 향후 OTT 콘텐츠는 팬데믹 이전 대면 중심의 일상에 대한 추억을 다루는 콘텐츠나 명상이나 운동, 숙면 등에 유익한 콘텐츠가 중심을 이룰 것으로 많은 전문가들이 예측하고 있다. 이에 따른 AI 기반 개인화 콘텐츠, 라이브 콘텐츠, 플랫폼 통합 전략 등의 통합형 콘텐츠의 도약적 발전이 기대된다.

특히 해외에서 한국 OTT 선호 경향이 높은 점은 국내 학계에서 이에 대한 후속 연구가 지속적으로 필요함을 반증한다. 각종 국제대회에서 우수성을 인정받은 수상은 현실을 담아내는 진정성과 글로벌 OTT 콘텐츠에 한국형 로컬라이즈를 담아낸 전략 덕분이다. OTT 플랫폼의 영화와 드라마는 새로운 디지털 콘텐츠를 통해 지속적으로 재정의될 것이며 영화와 드라마를 관람하는 방식이나 각종 단말기들 사이에 존재하는 경계들도 점점 사라질 것이다. 또한 MCU가 보여준 멀티버스 세계관처럼 지속적으로 재생산, 변형되는 콘텐츠들과 더불어 급변하는 미디어 환경은 또 다른 콘텐츠 IP 확장의 토대가 될 것이다. OTT 디지털 플랫폼을 통해서 만나는 소비자들의 다양한 취향과 의견 등은 가장 현 시점에 적합한 콘텐츠의 소재로서 제작되고 글로벌 감성으로 공유된다는 점에서 OTT 플랫폼은 일상에서 매우 중요한 대중문화의 아이콘으로 자리매김하게 되었다.

AI, 메타버스, 추천 알고리즘을 통해 진화하는 문화의 현 주소는 사용자의 요구나 상황에 맞추어 변화하기에 이에 대한 지적인 분석과 해석이 수반되는 디지털 컨시어지(digital concierge) 상황에 놓여있다. 따라서 과거의 지엽적이고 텍스트 중심의 단선적 문화 콘텐츠 연구는 현 시점의 융복합형 문화 키워드를 이해하기에 적합하지 않다. 연이은 성장과 진화를 통해 새로운 콘텐츠로 거듭나는 OTT 콘텐츠와 그 내면에 함의된 스토리텔링 등을 보다 심층적으로 조명해보기 위한 연구 방법으로 텍스트 마이닝 등과 같은 양적, 질적인 객관화된 디지털 인문학적인 분석을 통한 최근 동향 국내외 데이터의 체계적 수집과 동시에 유럽, 아시아, 북미, 중동 등의 지역으로 세분화하여 각 지역별 문화 콘텐츠에 대한 연구도 병행될 필요성이 있다. 예를 들어 한국과 물리적 거리가 상당히 떨어져 있는 유럽에서 K-콘텐츠가 확산되는 양상을 분석하는 경우, 우선 그 경로 파악이 필요할 것인데 그 경로는 사전 조사를 통해 추적해본 결과 유튜브, 넷플릭스, 스포티파이(Spotify), 구글 플레이 뮤직 등의 역할이 크다는 점을 발견할 수 있었다. 환언하자면 유럽의 K-콘텐츠 동향은 바로 이들 경로를 통해 분석해볼 수 있다는 말이 된다. 그 외 지역도 문화 콘텐츠의 공유 경로 파악과 동시에 동향 파악이 가능하다.

문화란 고정된 기표가 아니기에 앞으로도 새로운 콘텐츠의 지속 발굴과 제반 제도 등이 이에 발맞추어 수정 보완될 것이며 유행하는 트렌드 유형과 감성 코드를 탐색해보는 빅 데이터에 기반한 디지털 분석 작업은 향후 디지털 OTT 문화가 나아갈 방향성과 경쟁력 요소의 새로운 발견을 제시할 것이다. 이에 따라 글로벌 취향과 감성에 부합되는 글로벌 문화 콘텐츠의 미래를 제시하는 역할을 제공하는 OTT는 디지털 플랫폼을 트렌딩하고 있다. 게다가 디지털 미디어는 추천 AI 알고리즘, 몰아보기 등의 편리한 사용자 중심의 기능을 제공하면서 핸슨이 강조했던 글로벌 감성 형성에 더 큰 기여를 하게 되었다. 그러므로 OTT 플랫폼의 최신 동향을 발견하는 본 교양서는 디지털 콘텐츠와 융합된 현 시점에서의 빅 데이터 분석과 사례 분석을 중심으로 OTT 플랫폼의 지형도를 발견하는 결과를 제공할 것이다.

본 교양서는 OTT 플랫폼에 나타난 주요 세계관을 명확하게 이해하는 디딤돌이 될 것이며 독자들에게 여러 가지 스펙트럼을 지닌 OTT 작품들에 대한 분석을 통해 포스트 미디어 / 포스트 휴먼 시대에 걸맞는 폭넓은 영화와 드라마 감상의 시야를 제공할 것이다. 거시적 안목에서 이러한 OTT 플랫폼의 미디어 환경과 문화 콘텐츠를 이해하기 위해 도움을 제공할 목적으로 본 교양서는 문화 소비자들에게 디지털 트랜스-미디어로서 OTT 플랫폼 속 영화나 드라마에 대한 폭넓은 감상의 혜안을 다각적 시야를 통해 제공하기를 희망한다. 기존의 교양서들이 스크린이나 TV에서 상영되었던 영화 / 드라마 비평에 중심을 두고 있다면 본 교양서는 최근 OTT 플랫폼을 통해 상영된 영화와 드라마를 중심으로 저술되었으므로 다양한 최근에 일어나는 글로벌 문화 콘텐츠를 분석하는 새로운 길잡이가 될 수 있을 것이다. 연구의 시의성이 반영된 본 교양서는 실용적인 학술 지식의 확산과 더불어 새로운 동향의 문화 콘텐츠 양상을 접하고자 하는 독자들에게 필요한 지식을 제공해줄 수 있으리라 믿는다.

참고문헌

가스통 바슐라르, 『몽상의 시학』, 김웅권 역, 동문선, 2007.

강루비나, 「서복, 역사문화적 관점에서 조명」, 『서귀포 신문』 311호, 2002, 13-15.

강항, 睡隱集, 『한국문집총간』 제73집, 한국고전번역원, 1996.

기 드보르, 『스펙타클의 사회』, 유재홍 역, 울력, 2014.

김경주, 「애니메이션의 2차 이미지를 활용한 브랜드의 시각적 확장: 디즈니 정글북과 이상한 나라의 앨리스 사례를 중심으로」, 『한국콘텐츠학회 논문지』 17권 5호, 2017, 262-272.

김민오.이준희, 「밀레니엄 좀비영화와 사이버 공간의 폭력성 비교」, 『한국영상학회 논문집』 11권 4호, 2013, 19-33.

김성재, 「탈문자적 문맹의 가속화와 상징적 자본의 변질: 유튜브 지배력 강화에 대하여」, 『영상문화 콘텐츠 연구』 16, 2019, 91-117.

김성훈, <창궐>, 넥스트엔터테인먼트월드, 2018.

김영삼, 「차별의 장소성과 환대의 불가능성, 편재하는 자이니치」, 『현대문학이론연구』 92집, 2023, 197-231.

김욱동, 「북아메리카 인디언의 생태 의식」, 『미국학 논집』 35권 1호, 2003, 35-55.

김현정, 「K-콘텐츠에 대한 분석: 거대 OTT 서비스 플랫폼의 킬러 콘텐츠로서의 K-drama를 중심으로」, 『한국과 세계』 제4권 4호, 2022, 215-236.

박명진, 「<지옥>에 나타난 파국적 상상력과 실재의 일상화」, 『우리 문학회』 76집, 2022, 223-252.

박미영, 「초-장르로서 시리얼 드라마와 영화적인 것」, 『현대영화연구』 48집, 2023, 27-46.

박지원, 『열하일기』, 고산 역해, 동서문화사, 2010.

박호식·김영규·장원석, <킹덤: 아신전>, Netflix, 2021.

봉준호, <옥자>, Netflix, 2021.

서성은, 『트랜스미디어 스토리텔링』, 커뮤니케이션북스, 2018.

안길호, <더 글로리> 시즌 1-2, Netflix, 2022-2023.

안승범, 「불공정 피로사회, 비상식 투명사회의 폭력구조-<오징어 게임>, <지옥>론」, 『문화콘텐츠연구』 24권, 2022, 7-37.

연상호, <부산행>, 넥스트엔터테인먼트월드, 2015.

_____, <반도>, 넥스트엔터테인먼트월드, 2020.

_____, <정이>, Netflix, 2022.

윤종빈, <수리남>, 퍼펙트스톰필름, 2022.

음영철, 「넷플릭스 드라마 <스위트 홈>에 나타난 파국의 서사와 감염의 윤리」, 『한국콘텐츠학회논문지』 제21권 10호, 2021, 138-148.

이만강, 「넷플릭스 드라마 <스위트 홈> 속 게임적 요소: 트랜스휴머니즘과 관련하여」, 『동시대분석』, 2021, 213-226.

이상백, <킹덤> 시즌 1-2, Netflix, 2019-2020.

이성민, 「디즈니와 넷플릭스 사례 비교를 중심으로」, 『트랜드 리포트』 28, 2020, 46-55.

이수광, 『지봉유설』, 남만성 역, 을유문화사, 1998.

이용주, <서복>, CJ엔터테인먼트, 2021.

이윤희, 「넷플릭스 드라마 <킹덤>을 통한 기호학적 문화 읽기 연구: 영상 텍스트의 해석을 중심으로」, 『국제어문』 95집, 2022, 711-733.

이응복·장영우·박소현, <스위트 홈>, Studio Dragon, 2023.

이익, 『성호사설』, 최석기 역, 한길사, 1999.

이재규, <지금 우리 학교는>, Neflix, 2022.

이재학, 「마블의 콘텐츠 플랫폼 전략: 마블 시네마틱 유니버스를 중심으로」, 『한국 애니메이션 학회』 17권 4호, 2021, 144-160.

이재현, 「디지털 영화와 사실주의 미학」, 『서울대 언론정보연구소』 42권 2호, 2006, 41-65.

이정현·차승재, 「글로벌 OTT 서비스 플랫폼 국내시장 진출 이후 K-콘텐츠의 생존 전략에 관한 연구」, 『영상문화콘텐츠연구』 27집, 2022.

정재호, 「홍수설화의 서사적 변주와 인식의 전환: 동아시아의 경계를 넘어 <설

국열차>까지」, 『일본학연구』 53, 2018.

조명채, 『봉사일본시문견록』, 윤상기 역해, 한국고전번역원, 1977.

조선희, <승리호>, Netflix, 2018.

조일형, <# 살아있다>, 롯데엔터테인먼트, 2020.

최광현·김준익, 「콘텐츠 플랫폼의 수익모델 혁신 전략에 대한 고찰」, 『한국디지털콘텐츠학회』 18권 7호, 2017, 1267-1280.

최시한, 『스토리텔링 어떻게 할 것인가』, 문학과 지성사, 2015.

황동혁, <오징어 게임>, Netflix, 2021.

Abrams, Jefferey. *Star Wars: The Force Awakens. Walt Disney Studios Motion Pictures*, 2015.

Anderson, Paul. *Resident Evil*. Sony Pictures, 2002.

Arendt, Hannah. *Eichmann in Jerusalem: A Report on the Banality of Evil*. New York: Viking Press, 1963.

Atwood, Margaret. *The Handmaid's Tale*. Toronto: McClelland and Stewart, 1985.

Baldwin, Gayle. "World War Z and the End of Religion As We Know It." *Crosscurrents* Fall(2007), 412-425.

Barker, Clive. *The Essential Barker*. London: Harper Collins, 1999.

Bean, Charlie. *Lady and the Tramp*. Walt Disney Pictures, 2018.

Bishop, Kyle. "*Dead Man Still Walking*." *Journal of Popular Film and Television* 37.1 (2009): 15-16.

_____. "*Raising the Dead*." *Journal of Popular Film & Television* 33.4 (2010): 196-205, 2017.

Black, Shane. *Iron Man* 3. Marvel Studios, 2012.

Branagh, Kenneth. *Thor*. Marvel Studios, 2011.

Cameron, James. *Avatar*, 20th Fox, 2009.

_______. *Avatar: The Way of Water*. 20th Century Studios, 2022.

Campbell, Joseph. *Primitive Mythology: The Masks of God*. New York: Penguin

Books, 1991.

Christine, Deborah and Sara J. Lauro. *Better Off Dead: The Evolution of the Zombie as Post-Human*. New York: Fordham UP, 2011.

Coogler, Ryan. *Black Panther*. Marvel Studios, 2018.

______. *Black Panther: Wakanda Forever*. Marvel Studios, 2022.

Crockett, Zachary and Javier Zarracina."How the Zombie Represents America's Deepest Fears." *VOX*. Oct. 31. (2016): 20-35.

Crofts, Penny. "Dehumanization and Demonized Refugees, Zombies, and *World War Z*." *Law and Humanities* 13.1 (2019): 29-51.

Davis, Wade. *The Serpent and the Rainbow*. New York: Werner, 1985.

Darabont, Frank. *The Walking Dead Season 1-11*. AMC Studio, 2010-2023.

Deterding, Sebastian. "From Game Design Elements to Gamefulness: Defining "Gamification."" *Proceedings of the 15th International Academic MindTrek Conference*, 2011, pp. 9-15.

Dobson, Andrew. *Green Political Thoughts*. Routledge, 2007.

Drezner, Daniel W. "Metaphor of the Living Dead: Or, the Effect of the Zombie Apocalypse on Public Discourse." *Social Research* 81.4 (2014): 825-849.

Favreau, Jon. *Iron Man*. Marvel Studios, 2008.

_______. Jon. *Iron Man* 2. Marvel Studios, 2010.

_______. *The Jungle Book*. Walt Disney Pictures, 2016.

_______. *The Mandalorian Season 1-3*. Disney Platform Distribution, 2019-2023.

Feige, Kevin, Michael Waldron, and Stephen Broussard. *Loki*. Disney+, 2021.

Fleck, Ryan and Anna Boden. *Captain Marvel*. Walt Disney Studios Motion Pictures, 2019.

Fresnadillo, Carlos. *28 Weeks Later*. 20th Fox, 2007.

Goldblum, Jeff. *The World According to Jeff Goldblum Season 1-2*, Disney Platform Distribution, 2019-2021.

Halbwachs, Maurice. *On Collective Memory: Heritage of Sociology Series*. Chicago: Chicago UP, 1992.

Halperin, Victor. *White Zombie*. United Artists, 1932.

Hansen, Mark. *New Philosophy for New Media*. The MIT Press, 2004.

Joe, Johnston. *Captain America: The First Avenger*. Marvel Studios. 2011.

Jonsen, Albert R. *The Birth of Bioethics*. Oxford UP, 1998.

Kassman, Kenn. *Envisioning Ecotopia: The U.S. Green Movement and the Politics of Radical Social Change*. Praeger, 1997.

Kogonada and Justin Chon. *Pachinko*. Apple TV+, 2022. 2003.

Kurzweil, Raymond. *Singularity Is Near*. New York: Viking Press, 2005.

Lee, Ang. *Hulk*. Universal Pictures, 2003.

Lee, Min Jin. Pachinko. New York: Grand Central Publishing, 2017.

Leterrier, Louis. *The Incredible Hulk*. Marvel Studios, 2008.

Marquand, Richard. *Star Wars Episode VI: Return of the Jedi*. 20th Century Fox,

Mazel, David. "American Literary Environmentalism as Domestic Orientalism." *ISLE* 3.2, 1996, pp. 37-55.

McGregor, Gaile. *The Noble Savage in the New World Garden: Notes Toward a Syntactics of Place*. Bowling Green State UP., 1988.

McLuhan, Marshall. *The Medium is the Message*. Berkeley: Gingko Press, 2001.

Miller, Bruce. *The Handmaid's Tale Season 1-6*. MGM Television, 2017-2023.

Mori, Masahiro. "The Uncanny Valley." K. F. MacDorman, & T. Minato Trans. *Energy*. (1970): 33-35.

_____ and Mac Dorman. "The Uncanny Valley." *Robotics & Automation Magazine*. (2012): 98-100.

Newiak, Denis. "Serial Horrors of Loneliness: The Impossibility of Communitization in *The Walking Dead*." *Zer* 24.47 (2019): 51-64.

Nucena Jorge. "The Derridian Imaginary of the Human Event in *The Walking Dead*." Palabra Clave 20.2 (2017): 316-339.

_____. "The Derridian Imaginary of the Human Event in The Walking Dead." Palabra Clave 20.2 (2017): 316-339.

Payne, Rodger. "Laughing Off a Zombie Apocalypse: The Value of Comedic and

Satirical Narrative." *International Studies Perspectives* 18 (2017): 211-224.

Potter, Van Rensselaer. *Bioethics: Bridge to the Future*. Englewood Cliffs, 1971.

Reed. Peyton. *Ant-Man and the Wasp: Quantumania*. Marvel Studios. 2023.

Reich, Warren Thomas. "The Word 'Bioethics': The Struggle Over Its Earliest Meanings." *Kennedy Institute of Ethics Journal* 5.1, 1995, pp. 19-34.

Rewald, John. "Post-Impressionism, from Van Gogh to Gauguin." *Journal of Aesthetics and Art Criticism* 16.2, 1957, pp. 278-288.

Richmond, Daniel. "How Netflix's *Mowgl* Bests Disney's *The Jungle Book*." *Collider*, Apr. 22, 2022, pp. 20-30.

Romero, George. *Night of the Living Dead*. Continental Distribution, 1968.

Rovelli, Carlo. *Reality Is Not What It Seems: The Journey to Quantum Gravity*. New York: Riverhead, 2018.

Rumyan, Yervand. "The Effect of Film Frame Series on Viewer's Reflective Processes." *Wisdom* 12.1, 2019, pp. 108-113.

Russo, Anthony and Joe Russo. *Avengers: Infinity War*. Marvel Studios, 2018.

______. *Avengers: Endgame*. Marvel Studios, 2018.

Rymhs, Deena. "It's a Double-Beat Dance: The Indian Cowboy in Indigenous Literature, Art, and Film." *Intertexts* 14.2, 2010, pp. 75-92.

Sam, Raimi. Spider-Man. Marvel, 2002.

Schlöndorff, Volker. *The Handmaid's Tale*. Cinecom Pictures, 1990.

Serkis, Andy. *Mowgli: Legend of the Jungle*. Netflix, 2018.

Shortland, Cate. *Black Widow*. Marvel Studios, 2021.

Smith, L. Claire. *Indians, Environment, and Identity on the Borders of American Literature*. New York: Palgrave Macmillan, 2008.

Sonnenburg, Chris and Shane Prigmore. *Rapunzel's Tangled Adventure Season 1-3*. Disney Television Animation, 2017-2020.

Timpe, Kevin. "Moral Ecology, Disabilities, and Human Agency." *Res Philosophica* 96.1, 2019, pp. 17-41.

Watts, Jon. *The Amazing Spider-Man 2*. Marvel Entertainment, 2014.

_____. *Spider-Man: Far From Home*. Marvel Studios, 2019.

_____. *Spider-Man: No Way Home*. Marvel Studios, 2021.

Webb, Mark. *The Amazing Spider-Man*. Marvel Entertainment, 2012.

Wells, Paul. *Understanding Animation*. Routledge, 1998.

Whedon, Joss. *The Avengers*. Marvel Studios, 2012.

Wonse, Robert. "Between the Living and Undead: How Zombie Cinema Reflects the Social Construction of Risk, the Anxious Self. and the Disease Pandemic." *Sociological Quarterly* 57.4 (2016): 628-653.

Zammito, John H.. "The Last Dogma of Positivism: Historicist Naturalism and the Fact/Value Dichotomy." *Journal of the Philosophy of History* 6.3, 2012, pp. 305-338.

경북대학교 인문교양총서

경북대학교 인문교양총서 1	한글 편지로 본 조선 시대 선비의 삶 ★2011년 문화체육관광부 우수교양도서 백두현 | 10,000원 | 2011.02.28.
경북대학교 인문교양총서 2	오직 하나의 독일을 이덕형 | 9,000원 | 2011.02.28.
경북대학교 인문교양총서 3	데카르트의 역설 문장수 | 10,000원 | 2011.02.28.
경북대학교 인문교양총서 4	미하일 바흐친과 폴리포니야 이강은 | 9,000원 | 2011.06.30.
경북대학교 인문교양총서 5	쏘로우와 월든 숲속의 삶 박연옥 | 7,000원 | 2011.08.30.
경북대학교 인문교양총서 6	존 밀턴의 생애와 사상 최재헌 | 9,000원 | 2011.09.08.
경북대학교 인문교양총서 7	토마스 아퀴나스에게 듣는 인간학의 지혜 이명곤 | 10,000원 | 2011.11.30.
경북대학교 인문교양총서 8	노자의 눈에 비친 공자 김규종 | 8,000원 | 2011.12.26.
경북대학교 인문교양총서 9	세계화 시대의 한국연극 김창우 | 12,000원 | 2012.01.31.
경북대학교 인문교양총서 10	새로운 민주주의와 헤게모니 양종근 | 10,000원 | 2012.01.31.

경북대학교 인문교양총서 11 | 10개의 키워드로 이해하는 아리스토텔레스 철학
전재원 | 9,000원 | 2012.01.31.

경북대학교 인문교양총서 12 | 삼국유사 원시와 문명 사이
정우락 | 9,000원 | 2012.01.31.

경북대학교 인문교양총서 13 | 자연을 닮은 생명 이야기
이재열 | 9,000원 | 2012.01.31.

경북대학교 인문교양총서 14 | 한국 현대 대중문학과 대중문화
전은경 | 10,000원 | 2012.01.31.

경북대학교 인문교양총서 15 | 함세덕, 그가 걸었던 길
김재석 | 10,000원 | 2012.01.31.

경북대학교 인문교양총서 16 | 니체와 현대예술
정낙림 | 10,000원 | 2012.05.30.

경북대학교 인문교양총서 17 | 탈식민주의의 얼굴들
김지현·박효엽·이상환·홍인식 | 10,000원 | 2012.05.31.

경북대학교 인문교양총서 18 | 임나일본부설, 다시 되살아나는 망령
주보돈 | 9,000원 | 2012.07.30.

경북대학교 인문교양총서 19 | 김시습과 떠나는 조선시대 국토기행
김재웅 | 10,000원 | 2012.12.31.

경북대학교 인문교양총서 20 | 철학자의 행복여행
이상형 | 10,000원 | 2013.02.28.

경북대학교 인문교양총서 21 | 러시아 고전 연애로 읽다
윤영순 | 9,000원 | 2013.02.28.

경북대학교 인문교양총서 22 | 민족의 말은 정신, 글은 생명
이상규 | 12,500원 | 2013.08.30.

경북대학교 인문교양총서 23
영국 낭만주의 시인들의 자연 친화
김철수 | 7,500원 | 2013.10.10.

경북대학교 인문교양총서 24
동화가 말하지 않는 진실 - 그림 형제의 동화
김정철 | 7,000원 | 2014.02.19.

경북대학교 인문교양총서 25
교양 일본문화론
★2014년 세종도서 교양부문
이준섭 | 9,000원 | 2014.02.28.

경북대학교 인문교양총서 26
훔볼트 형제의 통섭
김미연 | 10,000원 | 2014.02.28.

경북대학교 인문교양총서 27
사서삼경 이야기
이세동 | 10,000원 | 2014.08.14.

경북대학교 인문교양총서 28
증점, 그는 누구인가
임종진 | 9,000원 | 2014.10.22.

경북대학교 인문교양총서 29
토니 모리슨의 삶과 문학
한재환 | 9,000원 | 2015.05.29.

경북대학교 인문교양총서 30
사고와 언어 그리고 과학과 창의성
김노주 | 10,000원 | 2015.10.20.

경북대학교 인문교양총서 31
괴테, 치유와 화해의 시
최승수 | 8,000원 | 2016.09.09.

경북대학교 인문교양총서 32
기억의 정치와 역사
황보영조 | 10,000원 | 2017.05.10.

경북대학교 인문교양총서 33
일상에서 이해하는 칸트 윤리학
김덕수 | 10,000원 | 2018.04.27.

경북대학교 인문교양총서 34
화두를 찾아서
★2018년 올해의 청소년교양도서
김주현 | 10,000원 | 2017.11.30.

경북대학교 인문교양총서 35

쾌락에 대하여
전재원 | 9,000원 | 2018.05.28.

경북대학교 인문교양총서 36

유신과 대학
이경숙 | 10,000원 | 2018.06.27.

경북대학교 인문교양총서 37

19세기 유럽의 아나키즘
★2019년 세종도서 교양부문 우수도서
채형복 | 10,000원 | 2019.01.29.

경북대학교 인문교양총서 38

선비와 청빈
★2019년 세종도서 교양부문 우수도서
박균섭 | 9,000원 | 2019.03.28.

경북대학교 인문교양총서 39

물리학의 인문학적 이해
김동희 | 10,000원 | 2019.10.31.

경북대학교 인문교양총서 40

비부한선 - 조선시대 노동의 기억
★2020년 세종도서 교양부문 선정도서
김희호 | 9,000원 | 2019.12.26.

경북대학교 인문교양총서 41

누정에 오르는 즐거움
권영호 | 14,000원 | 2019.12.27.

경북대학교 인문교양총서 42

마당극 길라잡이
김재석 | 10,000원 | 2020.06.19.

경북대학교 인문교양총서 43

감정, 인간에게 허락된 인간다움
- 다섯 가지 감정에 관한 철학적인 질문
신은화 | 9,000원 | 2020.08.14.

경북대학교 인문교양총서 44

일연과 그의 시대
한기문 | 10,000원 | 2020.11.16.

경북대학교 인문교양총서 45

대중서사와 타자 그리고 포비아
김상모 류동일 이승현 이원동 | 12,000원 | 2021.2.25.

경북대학교 인문교양총서 46	일본 미디어믹스 원류 시뮬라크르 에도江戶 손정아 | 10,000원 | 2021.5.18.
경북대학교 인문교양총서 47	막심 고리키의 인간주의 이강은 | 10,000원 | 2021.6.14.
경북대학교 인문교양총서 48	최한기의 시대 진단과 그 해법: 통섭형 인재되기 김경수 | 9,000원 | 2021.7.8.
경북대학교 인문교양총서 49	순례의 인문학 - 산티아고 순례길, 이냐시오 순례길 황보영조 | 14,000원 | 2021.7.8.
경북대학교 인문교양총서 50	새봄, 그날을 기다린다 - 나혜석의 봄은 왔을까 정혜영 | 10,000원 | 2022.5.2.
경북대학교 인문교양총서 51	영국 소설, 인종으로 읽다 허정애 | 12,000원 | 2022.5.2.
경북대학교 인문교양총서 52	『논어』 속의 사람들, 사람들 속의 『논어』 ★2023년 세종도서 교양부문 선정도서 이규필 | 12,000원 | 2022.6.8.
경북대학교 인문교양총서 53	거대한 뿌리: 박정희 노스텔지어 강우진 | 12,000원 | 2022.12.23.
경북대학교 인문교양총서 54	자연과 공생하는 유토피아 - 셸링, 블로흐, 아나키즘의 생태사유 조영준 | 12,000원 | 2022.9.8.
경북대학교 인문교양총서 55	철학으로 마음의 병 치유하기 주혜연 | 12,000원 | 2022.10.31.
경북대학교 인문교양총서 56	애덤 스미스 『도덕감정론』 읽기 - 상업사회 탐구 김영용 | 15,000원 | 2023.8.14.
경북대학교 인문교양총서 57	1930년대 일본, 잡지의 시대와 대중 - 『모던 일본』과 '모던'계 잡지 장유리 | 12,000원 | 2023.8.31.

경북대학교 인문교양총서 58

온라인 친구와 아리스토텔레스의 친구 사랑의 철학

전재원 | 12,000원 | 2023.8.30.

경북대학교 인문교양총서 59

일제의 전쟁과 학생 강제동원

– 대구 전쟁시설 건설과 국제법 위반

김경남 | 13,000원 | 2024.6.17.

경북대학교 인문교양총서 60

역병의 시대, 조선 지식인의 삶과 공부

★2025년 세종도서 교양부문 선정 도서

송수진 | 13,000원 | 2024.7.5.

경북대학교 인문교양총서 61

윤동주의 대학과 형무소

박균섭 | 15,000원 | 2024.8.30.

경북대학교 인문교양총서 62

경성에도 자동차시대는 왔다

– 자동차 모빌리티와 정동의 변화

김도경 | 14,000원 | 2025.3.14.

경북대학교 인문교양총서 63

OTT 플랫폼 영화와 드라마로 읽는 글로벌 컬쳐

이정화 | 12,000원 | 2025.11.28.

경북대학교 인문교양총서 64

삶을 대하는 태도에 관하여

– 윌리엄 제임스가 젊은이들에게 전하는 지혜

김상현 | 13,000원 | 2025.7.28.

경북대학교 인문교양총서 65

신화가 된 살라미스 해전의 영웅, 테미스토클래스

변정심 | 출간 예정